MANUAL SOBRE PREPARACIÓN Y PRESENTACIÓN DE PETICIONES INDIVIDUALES ANTE LA COMISIÓN INTERAMERICANA DE DERECHOS HUMANOS (CIDH)

IGNACIO JAVIER ÁLVAREZ MARTÍNEZ

MANUAL SOBRE PREPARACIÓN Y PRESENTACIÓN DE PETICIONES INDIVIDUALES ANTE LA COMISIÓN INTERAMERICANA DE DERECHOS HUMANOS (CIDH)

PRÓLOGO DE
CARLOS AYALA CORAO

Colección Estudios Jurídicos
No. 160

IIDH
Instituto Interamericano
de Derechos Humanos

editorial jurídica venezolana
international
2024

Las ideas expuestas en este libro son de exclusiva propiedad del autor y no corresponden necesariamente con las de IIDH o las de sus donantes.

©   IGNACIO J. ÁLVAREZ M.

     e-mail: ialvarez@alvarezmartinezlaw.com

     ISBN 979-8-89342-862-9

     Impreso por: Lightning Source, an INGRAM Content company
     para: Editorial Jurídica Venezolana International Inc.
     Panamá, República de Panamá.
     Email: ejvinternational@gmail.com

     Portada por: Rosana Espino

     Diagramación, composición y montaje
     por: Mirna Pinto de Naranjo, en letra Times New Roman 12,
     Interlineado 13.5, mancha 12,5x19

A Marisol Blanchard

SOBRE EL AUTOR

Ignacio Javier ÁLVAREZ MARTÍNEZ fue Relator Especial para la Libertad de Expresión de la Comisión Interamericana de Derechos Humanos (CIDH) y copresidente del Grupo de Interés en Derechos Humanos de la Sociedad Americana de Derecho Internacional (ASIL). Actualmente es director ejecutivo de Álvarez Martínez Law Firm (https://alvarezmartinezlaw.com) y de IHR LEGAL (https://ihr.legal/).

Su trayectoria profesional incluye cuatro años en el departamento de litigios de la firma internacional Baker & McKenzie y ocho años como abogado en la CIDH. Cuenta con una amplia experiencia en litigios internacionales como representante de víctimas de violaciones de derechos humanos ante el Sistema Universal de Derechos Humanos de las Naciones Unidas y ante el Sistema Interamericano de Derechos Humanos.

Es abogado de la Universidad Católica Andrés Bello (Venezuela) y magíster en Derecho Internacional del Washington College of Law de American University (Washington, D.C.).

Sus direcciones de correo electrónico son:

– ialvarez@alvarezmartinezlaw.com y
– alvarez@ihr.legal

CONTENIDO

PARTE II

ALGUNAS NOCIONES BÁSICAS

PARTE III

**PREPARACIÓN Y PRESENTACIÓN DE PETICIONES
INDIVIDUALES ANTE LA CIDH**

PARTE IV

SINOPSIS DE LAS ETAPAS SUBSIGUIENTES A LA PRESENTACIÓN DE UNA PETICIÓN A LA CIDH

PRÓLOGO

El presente libro de Ignacio Javier ÁLVAREZ MARTÍNEZ titulado *Manual sobre la preparación y presentación de peticiones individuales ante la Comisión Interamericana de Derechos Humanos* es una magnífica contribución a la divulgación sencilla y didáctica de la protección interamericana de los derechos humanos. Su contenido ha sido preparado de manera accesible, ya que permite que cualquier persona pueda guiarse por este Manual para poder preparar, elaborar, presentar y tramitar la petición de un caso ante la Comisión Interamericana de Derechos Humanos (CIDH).

Este manual es una obra que muestra el conocimiento y el criterio del autor, ya que compila, traduce y expone todo aquello que se necesita saber para acceder y procesar un caso ante la CIDH. Solo un autor como Ignacio Javier ÁLVAREZ MARTÍNEZ habría podido hacer un libro como éste, ya que combina el conocimiento jurídico y la práctica acumulada a lo largo de varias décadas por quien ha sido un excelente abogado con estudios de postgrado en el Derecho internacional de los derechos humanos, la experiencia de haber trabajado en la CIDH en la preparación de decisiones de casos y como relator de libertad de expresión; y luego, en el litigio de casos ante el Sistema Interamericano de Derechos Humanos (SIDH) y el Sistema de Naciones Unidas.

Este Manual tiene todo el sentido en un sistema donde el acceso, al menos en teoría, es prácticamente universal, ya que para presentar y tramitar un caso ante la CIDH no hace falta ser abogado, ni tener acreditaciones, ni certificaciones especiales. En este sentido, el Reglamento de la CIDH dispone que "cualquier persona" o "grupo de personas" o "entidad no gubernamental legalmente reconocida en uno o más Estados miembros de la OEA" puede presentar a la Comisión peticiones en su propio nombre o en el de terceras personas, referentes a la presunta violación de alguno de los derechos humanos reconocidos, según el caso, en (i) la Declaración Americana de los Derechos y Deberes del Hombre, (ii) la Convención Americana sobre Derechos Humanos "Pacto de San José de Costa Rica" (CADH), (iii) el Protocolo Adicional a la Convención Americana sobre Derechos Humanos en Materia de Derechos Económicos, Sociales y Culturales "Protocolo de San Salvador", (iv) el Protocolo a la Convención Americana sobre Derechos Humanos Relativo a la Abolición de la Pena de Muerte, (v) la Convención Interamericana para Prevenir y Sancionar la Tortura, (vi) la Convención Interamericana sobre Desaparición Forzada de Personas y (vii) la Convención Interamericana para Prevenir, Sancionar y Erradicar la Violencia contra la Mujer "Convención de Belém do Pará" (art. 23). En ese sentido el peticionario deberá atender a las respectivas disposiciones de estos tratados, así como las dispuestas en el Estatuto y en el Reglamento de la CIDH.

Por su lado, la CADH confirma este acceso general de toda persona para presentar casos ante la CIDH, al disponer que "cualquier persona" o "grupo de personas", o "entidad no gubernamental legalmente reconocida en uno o más Estados miembros de la Organización", *puede presentar a la Comisión peticiones* que contengan denuncias o quejas de violación de dicha Convención por un Estado parte (art. 44).

Ahora bien, como lo ha afirmado la Corte Interamericana de Derechos Humanos (Corte IDH) desde sus inicios, la CADH se funda en una tríada de valores necesarios para su funcionamiento: "Derechos Humanos-Estado de Derecho-y-Democracia". En ese sentido la Carta de la Organización de Estados Americanos dispone, que dicha Organización tiene entre sus propósitos esenciales, promover y consolidar la "democracia representativa" (art. 2.b). De manera complementaria, la Carta Democrática Interamericana (CDI) como interpretación auténtica de la Carta de la OEA, ha declarado que la democracia es un "derecho" de los pueblos de las Américas, y, por tanto, es una obligación de los Estados promoverla y defenderla (art. 1). En ese sentido, la CDI también declara que la democracia "es indispensable" para el ejercicio efectivo de las libertades fundamentales y los derechos humanos, en su carácter universal, indivisible e interdependiente, consagrados en las respectivas constituciones de los Estados y en los instrumentos interamericanos e internacionales de derechos humanos (art. 7). De allí que la propia CDI haya ratificado respecto a todos los Estados Miembros de la OEA, el carácter del acceso universal a la protección interamericana de los derechos humanos y el compromiso de dichos Estados de fortalecer el SIDH para la consolidación de la democracia en el hemisferio:

Artículo 8

Cualquier persona o grupo de personas que consideren que sus derechos humanos han sido violados pueden interponer denuncias o peticiones ante el sistema interamericano de promoción y protección de los derechos humanos conforme a los procedimientos establecidos en el mismo.

Los Estados Miembros reafirman su intención de fortalecer el sistema interamericano de protección de los derechos humanos para la consolidación de la democracia en el hemisferio.

El acceso universal no es posible si "cualquier persona" no conoce el SIDH y, en concreto, cómo tener acceso a la CIDH para preparar, elaborar y tramitar un caso relativo a la violación de los derechos humanos contenidos en los instrumentos interamericanos. Por ello, consideramos que este Manual, preparado con gran generosidad por Ignacio Javier ÁLVAREZ MARTÍNEZ, es una herramienta fundamental de parte de un destacado miembro de la sociedad civil interamericana y un experto en la materia, para contribuir a hacer realidad ese acceso universal al SIDH. En efecto, para lograr ese acceso universal es necesario poder estar informado y formado sobre el SIDH. Para ayudar a lograr ese objetivo, este Manual le brinda al usuario, ya sea lego o instruido, el conocimiento y las herramientas necesarias para preparar la petición de un caso ante la CIDH. En ese sentido brinda, en primer lugar, la información necesaria tanto teórica como práctica de los fundamentos básicos de los instrumentos interamericanos sobre los derechos humanos y las obligaciones internacionales de los Estados; y sobre los órganos de protección internacional del SIDH (CIDH y Corte IDH). En segundo lugar, este Manual ofrece toda la información necesaria para preparar un caso ante la CIDH, particularmente la relativa al cumplimiento de los requisitos de agotamiento de los recursos internos; la caracterización de la violación de derechos; y la competencia de la CIDH por razón de la materia, el tiempo y la persona. Además de ello, el Manual explica la opción de presentar una solicitud de medida cautelar con la presentación del caso o por separado; y los documentos que deben acompañarse a la petición del caso. En tercer lugar, el Manual suministra la información relativa a la asistencia legal y financiera disponible en la CIDH, las opciones para poder solicitar una tramitación *per saltum*, y sobre los aspectos prácticos de la presentación de la petición: los formularios disponibles y el portal de casos de la CIDH. Y, en cuarto lugar, el Manual contiene toda una explicación sobre el procedimiento de la tramitación de los casos en la CIDH en sus distintas etapas, tanto de admisión como de fondo, así como las distintas opciones de terminación de los casos, incluida la decisión sobre el fondo (informe de fondo) y su envío a la Corte IDH para iniciar la ulterior etapa del procedimiento judicial.

Felicitamos al autor por tan valiosa obra que generosamente ha preparado para ayudar a empoderar a las víctimas de violaciones de derechos humanos y a sus defensores en las Américas, para que puedan acceder fácilmente y de manera pedagógica al conocimiento sobre cómo preparar, presentar y tramitar la petición individual de un caso ante la CIDH, a fin de poder obtener la protección internacional a las violaciones a los derechos humanos reconocidos en los instrumentos interamericanos, que no ha sido posible internamente ante el Estado.

Carlos AYALA CORAO
Expresidente de la CIDH
Vicepresidente de la Comisión Internacional de Juristas

INTRODUCCIÓN

El acceso directo de las personas a la justicia internacional se fundamenta en el reconocimiento de su condición como sujetos del derecho internacional de los derechos humanos (en adelante, "DIDH"), tanto a nivel sustantivo como procesal[1]. En la región de las Américas, el Sistema Interamericano de Derechos Humanos (en adelante, "Sistema Interamericano" o "SIDH") se ha constituido como un importante instrumento de reconocimiento, promoción y protección de los derechos humanos, el cual provee la justicia independiente e imparcial que las personas no han logrado obtener a nivel nacional. Sus dos principales órganos son la Comisión Interamericana de Derechos Humanos (en adelante, "Comisión Interamericana", "Comisión" o "CIDH") y la Corte Interamericana de Derechos Humanos (en adelante, "Corte Inter americana" o "Corte IDH").

La Comisión y la Corte Interamericana, a lo largo de los años, han dotado de contenido y mayor comprensión a los derechos reconocidos en los instrumentos interamericanos, teniendo en cuenta que "los tratados de derechos humanos son instrumentos vivos, cuya interpretación tiene que acompañar la evolución de los tiempos y las condiciones de vida actuales"[2]. De esta manera, cada caso ante el SIDH representa tanto la posibilidad de acceso a la justicia de las víctimas concretas de violaciones de derechos humanos como el desarrollo de la jurisprudencia interamericana.

---

[1] CANÇADO TRINDADE, "Las cláusulas pétreas de la protección internacional del Ser Humano: El acceso directo de los individuos a la justicia a nivel internacional y la intangibilidad de la jurisdicción obligatoria de los Tribunales Internacionales de Derechos Humanos", pp. 5-6. Ver también AYALA, "Breves reflexiones sobre el litigio ante la Corte IDH y los avances en su jurisprudencia", p. 573.

[2] Corte IDH, "Caso de las Masacres de Ituango vs. Colombia", párr. 155.

Dada la importancia de la petición, así como también el inicio del proceso contencioso en el SIDH, el presente manual pretende ser una herramienta de trabajo para la comprensión y el uso del sistema de peticiones individuales de la Comisión Interamericana[3]. Esta guía práctica está dirigida principalmente a abogadas y abogados, así como a organizaciones que deseen acudir ante el SIDH para denunciar a un Estado por violaciones de derechos humanos.

La finalidad de este trabajo consiste en guiar a las personas en la presentación de una petición. Si bien hay debates sobre temáticas coyunturales y estructurales alrededor del sistema de peticiones y casos, este manual se limitará a hacer mención general a aquellas que proporcionen elementos enriquecedores y útiles para la elaboración de una petición. Asimismo, aunque su objetivo principal será analizar en detalle los requisitos sustanciales y procedimentales que el peticionario debe tener presente al elaborar una petición individual, el manual también busca ofrecer una descripción sucinta de las etapas que prosiguen a la presentación formal ante la Comisión Interamericana. De este modo, el/la lector/a podrá conocer en su totalidad cómo se desarrolla el procedimiento internacional de un caso ante la CIDH[4].

El manual se divide en cuatro partes. La primera estudia el Sistema Interamericano, haciendo una breve mención de la Organización de Estados Americanos (en adelante, "OEA"), los principales órganos del SIDH y los instrumentos interamericanos de derechos humanos. En la segunda, se presentan algunas nociones básicas sobre responsabilidad internacional, las obligaciones internacionales de los Estados en materia de derechos humanos y el carácter subsidiario de la protección internacional. La tercera parte desarrolla los elementos claves para la preparación de una petición, incluyendo aspectos sustanciales, formales y opcionales. Por

---

[3]   Si bien el presente manual proporciona información útil sobre cuestiones jurídicas, esta información no constituye ni pretende sustituir la asesoría legal. Ningún/a lector/a de este libro debería actuar o abstenerse de hacerlo sobre la base de la información contenida en este libro con respecto a cualquier asunto jurídico concreto sin recurrir previamente al asesoramiento de un/a abogado/a calificado/a.

[4]   Para la elaboración del manual se realizó una investigación jurídica mixta; es decir, predominantemente documental y cualitativa, pero incorporando técnicas empíricas y cuantitativas.

último, en la cuarta parte, se exponen de manera sucinta los pasos subsiguientes a la presentación de una petición en el marco del proceso ante la Comisión Interamericana.

El Sistema Interamericano está en evolución constante. El presente manual se ha elaborado tomando en cuenta la doctrina, jurisprudencia e información disponible a la presente fecha.

El autor agradece a María Daniela RIVERO, Mariana HERNÁNDEZ, Ezequiel CURCIO, Melanie GHERTNER, Carolina RUIZ, Ana Sofía SALINAS y Paula DUARTE por su colaboración en la elaboración del presente manual, y espera que sea útil en el trabajo, caso a caso, en pos de contribuir a una región más justa, en donde los derechos humanos tengan cada vez mayor vigencia.

Washington, D.C., enero de 2024

PARTE I

EL SISTEMA INTERAMERICANO DE DERECHOS HUMANOS

La evolución del DIDH ha sido relativamente expedita desde su nacimiento después de la Segunda Guerra Mundial, y se ha desarrollado a partir de la adopción de instrumentos y mecanismos internacionales que surgen como expresión de la necesidad de proteger los derechos humanos al interior de los Estados[1]. De esta manera, los derechos humanos "imponen la organización del entorno social y político en orden a su respeto, protección, satisfacción y garantía"[2].

En sentido estricto, el DIDH "[e]s la rama del derecho internacional público conformada por un conjunto de normas, procedimientos y órganos que busca proteger y promover los derechos humanos en todo tiempo y circunstancia"[3]. Tradicionalmente, se ha entendido que los derechos humanos son universales, indivisibles, integrales, interdependientes,

---

[1] NIKKEN, *La protección internacional de los derechos humanos: su desarrollo progresivo*, p. 309. Los inicios del DIDH se remontan a la Carta de las Naciones Unidas, los Juicios de Núremberg y la Declaración Universal de los Derechos Humanos. Para profundizar en este origen ver ALSTON & GOODMAN, *International Human Rights. The successor to international human rights in context*, pp. 139 y ss.

[2] NIKKEN, "Los presupuestos de los derechos humanos", p. 173.

[3] BOTERO MARINO & GUZMÁN RODRÍGUEZ, *El Sistema de los derechos. Guía práctica del Sistema Internacional de Protección de los Derechos Humanos*, p. 131.

irrenunciables, imprescriptibles, inviolables e inalienables[4]. No obstante, debe tenerse en cuenta que el reconocimiento de cada derecho humano es fruto de conquistas delante de los Estados y, por lo tanto, "una definición sobre derechos humanos siempre debe ir acompañada del conocimiento de los procesos históricos y filosóficos alrededor de la persona humana, y su constante interrelación en la sociedad y con el poder"[5].

A menudo, los tratados de derechos humanos establecen mecanismos específicos de supervisión y sistemas de peticiones individuales para garantizar la eficacia de los derechos allí contemplados. Así, los tratados de derechos humanos en vigor obligan a los Estados que los han ratificado a respetar, proteger y garantizar los derechos reconocidos en dichos instrumentos. Este tipo de tratados están dotados de una especial naturaleza objetiva, ya que regulan las relaciones jurídicas entre Estados e individuos bajo una lógica de obligaciones no recíprocas. De esta manera, los Estados deben adoptar medidas positivas para cumplir con tales compromisos contraídos, así como abstenerse de interferir en el goce efectivo de los derechos humanos[6]. En contraste, otros tratados reglamentan las relaciones *vis-a-vis* entre Estados, con la finalidad de que estos obtengan un beneficio mutuo[7].

En ese orden de ideas, la Corte Interamericana ha establecido que el propósito de los tratados sobre derechos humanos no es la satisfacción de intereses individuales de los Estados, sino fungir como garantes del bien común para la protección de los derechos, dado que "se inspiran en valores comunes superiores (centrados en la protección del ser humano)"[8]. Al respecto, la Corte IDH afirmó que

---

[4]   MONGE NÚÑEZ & RODRÍGUEZ RESCIA, *Acceso a la Justicia de Grupos en Situación de Vulnerabilidad. Manual General de Litigio en el Sistema Interamericano con enfoque diferenciado. Niñez y Adolescencia, Pueblos Indígenas y Afrodescendientes*, p. 13.

[5]   *Ibid.*, p. 11.

[6]   Corte IDH, "Caso Velásquez Rodríguez vs. Honduras", párr. 164; "Caso Juan Humberto Sánchez vs. Honduras", párr. 110.

[7]   ARÉVALO NARVÁEZ & PATARROYO RAMÍREZ, "Treaties over Time and Human Rights: A Case Law Analysis of the Inter-American Court of Human Rights", p. 312; Corte IDH, "Caso de la 'Masacre de Mapiripán vs. Colombia", párr. 104.

[8]   Corte IDH, "Caso de la 'Masacre de Mapiripán' vs. Colombia", párr. 104.

[l]os tratados modernos sobre derechos humanos, en general, y, en particular, la Convención Americana, no son tratados multilaterales de tipo tradicional, concluidos en función de un intercambio recíproco de derechos, para el beneficio mutuo de los Estados contratantes. Su objeto y fin son la protección de los derechos fundamentales de los seres humanos, independientemente de su nacionalidad, tanto frente a su propio Estado como frente a los otros Estados contratantes. **Al aprobar estos tratados sobre derechos humanos, los Estados se someten a un orden legal dentro del cual ellos, por el bien común, asumen varias obligaciones, no en relación con otros Estados, sino hacia los individuos bajo su jurisdicción**[9] [resaltado añadido].

En suma, sin perjuicio del valor de otro tipo de mecanismos, los tratados de derechos humanos, como la Convención Americana sobre Derechos Humanos (en adelante, "Convención Americana" o "CADH"), constituyen la base de la protección internacional de los derechos humanos. Estos tratados no contienen obligaciones recíprocas entre Estados e individuos, sino deberes para los Estados a favor de los derechos humanos de los individuos bajo su jurisdicción. Además, algunos de estos tratados establecen sistemas de peticiones individuales, que permiten que las personas acudan a órganos internacionales, jurisdiccionales o cuasi-jurisdiccionales, para presentar sus reclamos de violaciones de derechos humanos, en aras de una mayor protección y efectividad.

En este contexto, el Sistema Interamericano es un sistema regional de promoción y protección de los derechos humanos reconocidos en una serie de instrumentos aprobados en el marco de la OEA[10]. A fin de cumplir con esta labor, el SIDH está conformado por dos órganos independientes: la CIDH y la Corte IDH.

El Sistema Interamericano es la culminación de un proceso iniciado en 1945, cuando los Estados americanos realizaron la Conferencia Interamericana sobre Problemas de la Guerra y de la Paz en Ciudad de México, y encomendaron al Comité Jurídico Interamericano preparar una

---

[9] Corte IDH, Opinión Consultiva No. 2/82, párr. 29.

[10] Corte IDH, *ABC de la Corte Interamericana de Derechos Humanos. El qué, cómo, cuándo, dónde y por qué de la Corte Interamericana. Preguntas frecuentes*, p. 4.

declaración sobre derechos humanos[11]. A partir de entonces, la construcción progresiva del Sistema Interamericano ha permitido visibilizar las graves violaciones a los derechos humanos en la región. Ello ha tenido un impacto positivo dentro de los ordenamientos jurídicos internos de los Estados y –más concretamente– en la vida de las personas, a través de la tutela de sus derechos.

En ese sentido, la actuación de los dos órganos del SIDH, así como la participación de la sociedad civil a partir de la década de los ochenta, ha sido indispensable para avanzar en la agenda de derechos humanos en la región[12]. En este sentido, la CIDH ha señalado que

> [e]l activismo reivindicativo de derechos humanos se ha fortalecido con la participación de más organizaciones sociales y movimientos y sus luchas contra tentativas de restringir sus derechos. Los desarrollos constitucionales y la mayor participación de grupos de población históricamente marginalizados, a partir de las transiciones a la democracia y dichos procesos de consolidación, han dado lugar a nuevas agendas y reivindicaciones de derechos en la región[13].

Es así que el Sistema Interamericano ha desempeñado un papel protagónico en la consolidación de los sistemas democráticos y del Estado de Derecho. Asimismo, su desarrollo institucional ha sido significativo, tanto por la creación de mecanismos cada vez más robustos y dirigidos a la protección de las personas, como por la generación de importantes estándares de derechos humanos.

---

[11] GARCÍA CHAVARRÍA, *Los procedimientos ante la Comisión Interamericana de Derechos Humanos*, p. 16.

[12] LÓPEZ PACHECO & HINCAPIÉ JIMÉNEZ, "Derechos humanos y activismo legal transnacional. Estrategias de las ONG en México y Colombia"; ENGSTROM, "Reconceitualizando o Impacto do Sistema Interamericano de Direitos Humanos", p. 1262. A pesar del rol fundamental que tiene la sociedad civil, esta no ha contado con mecanismos transparentes y democráticos para su participación en el SIDH. En este sentido, algunas organizaciones han exigido a la OEA que se establezcan procedimientos para el nombramiento de los/as miembros de la Comisión y la Corte Interamericanas. Al respecto, ver SALAZA & ROHT-ARRIAZA, "Democracia y transparencia en el SIDH: una experiencia en marcha", pp. 1652-1681.

[13] CIDH, Plan Estratégico 2017-2021, p. 25.

Algunos de los progresos impulsados se pueden resumir en los siguientes hitos: (i) el desarrollo de legislaciones internas de los Estados basados en los estándares internacionales de derechos humanos en temas como desaparición forzada, pena de muerte, terrorismo y trata de personas; (ii) la derogación de leyes de amnistía y de las leyes de desacato; (iii) la adopción de marcos normativos para proteger a las mujeres víctimas de violencia de género; (iv) la ratificación de convenciones y la aprobación de declaraciones para abordar múltiples formas de discriminación; y (v) la aplicación del control de convencionalidad por parte de los operadores de justicia.

A pesar de estos avances, persisten grandes desafíos para la efectiva protección de los derechos en el marco del SIDH, no solo por la falta de soluciones a problemas históricos de la región (que puede conllevar serios retrocesos en materia de derechos humanos), sino también por las prácticas de corrupción, la debilidad institucional de los Estados[14], y los altos niveles de conflictividad, violencia e impunidad. A ello se suman las expresiones públicas de autoridades y distintos segmentos sociales en algunos países de la región, "dirigidas a consolidar una retórica que proclama abierta o encubiertamente nacionalismo exacerbado y formas de discriminación"[15], así como también discursos de miedo y/u odio.

Asimismo, aparecen nuevos desafíos en cuanto a la efectividad de los mecanismos del Sistema Interamericano ante situaciones relacionadas con la falta de protección a ciertos grupos sociales. En particular, (i) pueblos indígenas, comunidades campesinas y afrodescendientes en el marco de actividades de extracción, explotación y desarrollo; (ii) periodistas, defensoras y defensores de derechos humanos; (iii) grupos históricamente discriminados en razón del género, edad, discapacidad, nacionalidad, etnicidad y otras; (iv) otros movimientos sociales y sindicales; y (v) personas privadas de la libertad.

---

[14] Desde comienzos del siglo XXI, se produce un fenómeno de convergencia entre la agenda de los derechos humanos y la agenda anticorrupción. Así, se entendió que la lucha contra la corrupción era esencial para construir democracias sólidas con un enfoque de derechos humanos. Ver: CIDH, Corrupción y Derechos Humanos: Estándares Interamericano, párr. 33.

[15] CIDH, Plan Estratégico 2017-2021, p. 25.

I.   ORGANIZACIÓN DE LOS ESTADOS AMERICANOS

1.   *Antecedentes de la OEA y del SIDH*

La OEA es una organización regional de carácter intergubernamental, conformada por 35 Estados del continente americano[16]. Su actividad está basada en cuatro pilares centrales: democracia, derechos humanos, seguridad y desarrollo. La OEA "constituye el principal foro gubernamental político, jurídico y social del Hemisferio"[17].

Entre los antecedentes de la OEA se encuentra la primera reunión de los ministros de Relaciones Exteriores de los países de Latinoamérica y de los Estados Unidos con el propósito de promover el comercio entre los Estados, la cual se celebró en 1889[18]. Posteriormente, en 1948, durante la Novena Conferencia Internacional Americana, celebrada en Bogotá (Colombia), se aprobó la Carta de la OEA "imbuida de un espíritu de democracia, derechos humanos y progreso, poniendo al ser humano como fin último del esfuerzo conjunto y la cooperación a que se comprometieron los países del hemisferio"[19]. Fue así como se dio inicio a la OEA.

La Carta es un tratado internacional que, si bien "no consagró un sistema de protección de los derechos humanos, [...] dejó sentadas las bases

---

[16]   Actuales Estados miembros de la OEA: Antigua y Barbuda, Argentina, Bahamas, Barbados, Belice, Bolivia, Brasil, Canadá, Chile, Colombia, Costa Rica, Cuba, Dominica, Ecuador, El Salvador, Estados Unidos de América, Grenada, Guatemala, Guyana, Haití, Honduras, Jamaica, México, Nicaragua, Panamá, Paraguay, Perú, República Dominicana, St. Kitt y Nevis, Santa Lucía, San Vicente y las Granadinas, Surinam, Trinidad y Tobago, Uruguay y Venezuela.

[17]   OEA, "Quiénes somos".

[18]   PADILLA, "La Comisión Interamericana de Derechos Humanos", p. 227. Para mayor información sobre el desarrollo del Sistema Interamericano, ver NIETO NAVIA, *Introducción al Sistema Interamericano de Protección de los Derechos Humanos*; y FAÚNDEZ LEDESMA, *El Sistema Interamericano de Protección de los Derechos Humanos. Aspectos institucionales y procesales*.

[19]   CIDH, *En defensa de los derechos humanos: folleto informativo*, p.1.

para ello al establecer en su preámbulo la idea de la centralidad del ser humano en la organización de la sociedad"[20], en los siguientes términos:

> Seguros de que el sentido genuino de la solidaridad americana y de la buena vecindad no puede ser otro que el de consolidar en este Continente, dentro del marco de las instituciones democráticas, un régimen de libertad individual y de justicia social, fundado en el respeto de los derechos esenciales del hombre.

En igual sentido, el artículo 3 que consagra los principios de este tratado incluyó: "[l]os Estados americanos proclaman los derechos fundamentales de la persona humana sin hacer distinción de raza, nacionalidad, credo o sexo".

Como expresión de lo anterior, en el artículo 106 de la Carta de la OEA se dispuso la creación de la CIDH con la función principal de "promover la observancia y la defensa de los derechos humanos". Sin embargo, este cometido se alcanzó en 1959, más de diez años después de la aprobación de la Carta. Asimismo, en este artículo se estableció que se elaboraría una convención interamericana sobre derechos humanos para determinar la estructura y procedimiento de la Comisión.

En la Novena Conferencia Internacional Americana de 1948 también se adoptó la Declaración Americana. Esta constituyó "el primer instrumento internacional de derechos humanos en reconocer que los Estados no crean ni conceden derechos, sino que solo reconocen derechos que son inherentes a todos los seres humanos"[21]. Más aún, la Declaración Americana fundó las bases para la posterior adopción de la Convención Americana.

Luego, en 1959 el Consejo Interamericano de Jurisconsultos elaboró un proyecto de convención, el cual fue completado por el Consejo de la OEA y fue sometido a los gobiernos para sus observaciones y enmiendas[22]. Fue así como en 1969 la Convención Americana fue adoptada en el marco de la Conferencia Interamericana Especializada sobre Derechos Humanos

---

[20] MEDINA QUIROGA & NASH ROJAS, *Sistema Interamericano de Derechos Humanos: Introducción a sus Mecanismos de Protección*, pp. 13-14.

[21] CIDH, *En defensa de los derechos humanos: folleto informativo*, p.1.

[22] Ferrer Mac-Gregor & Pelayo Möller, "Preámbulo", p. 24.

en San José (Costa Rica). La aprobación de la Convención Americana "fue un hecho histórico para el desarrollo de la institucionalidad del sistema de protección de los derechos humanos en el continente americano"[23]. Basándose en cierta medida en el Pacto Internacional de Derechos Civiles y Políticos y en el Convenio Europeo sobre Derechos y Libertades Fundamentales, la CADH estableció derechos humanos y obligaciones para los Estados con un contenido definido[24]. Este tratado entró en vigor en el año 1978.

En definitiva, la OEA ha sido el escenario para el surgimiento y desarrollo del Sistema Interamericano. La inclusión del ser humano y el reconocimiento de sus derechos como un principio desde la Carta de la OEA, junto con la adopción de la Declaración Americana, sentaron las bases para la creación posterior de la Convención Americana. Este tratado, a su vez, propició la aprobación de otros instrumentos regionales que reconocen derechos humanos y establecen mecanismos para su protección.

2. Principales órganos políticos y consultivos de la OEA

Para la consecución de sus objetivos, la OEA ha sido dotada de un conjunto de órganos con diferentes atribuciones y funciones. De particular relevancia para el presente manual, se mencionan los siguientes:

1. Asamblea General: es el máximo órgano y está conformada por las delegaciones de todos los Estados miembros. La Asamblea define los mecanismos, políticas, acciones y mandatos de la OEA.

2. Consejo Permanente: es un órgano que depende directamente de la Asamblea General. Dentro de sus competencias se encuentran (i) formular "recomendaciones a la Asamblea General sobre el funcionamiento de la Organización y la coordinación de sus órganos subsidiarios, organismos y comisiones"; y (ii) "considera[r] los informes de los órganos, organismos y entidades del sistema interamericano y presenta[r] a la Asamblea General las observaciones y recomendaciones que estime del caso"[25]. Está

---

[23] MEDINA QUIROGA, "Los 40 años de la Convención Americana sobre Derechos Humanos a la luz de cierta jurisprudencia de la Corte Interamericana", p. 15.

[24] *Ibid.*, p. 16.

[25] OEA, "Consejos".

32

compuesto por un representante permanente de cada Estado miembro.

3. Comisión Interamericana: es uno de los órganos principales de la OEA. Tiene naturaleza autónoma y está encargado de la promoción y protección de los derechos humanos en la región[26]. De acuerdo con los artículos 34 y 36 de la CADH, la CIDH estará compuesta por siete miembros, elegidos/as a título personal por la Asamblea General de la OEA.

4. Secretaría General: es el órgano central y permanente de la OEA. Ejerce las funciones de dirección, gestión, representación, entre otras.

5. Comisión Interamericana de Mujeres (CIM): es un órgano especializado, en los términos del artículo 124 de la Carta de la OEA[27], con autonomía técnica y de carácter consultivo. Su principal función es promover los derechos de las mujeres, así como la igualdad y equidad de género en los programas y políticas de la OEA. La CIM tiene a su cargo el funcionamiento del Mecanismo de Seguimiento a la Convención *Belém do Pará*, que monitorea el estado de cumplimiento de las obligaciones estatales establecidas en la mencionada Convención. La CIM está integrada por 34 delegadas, una por cada Estado miembro de la OEA, que son designadas por sus respectivos gobiernos.

---

[26] Carta de la OEA, 30/04/48, art. 106: "Habrá una Comisión Interamericana de Derechos Humanos que tendrá, como función principal, la de promover la observancia y la defensa de los derechos humanos y de servir como órgano consultivo de la Organización en esta materia. Una convención interamericana sobre derechos humanos determinará la estructura, competencia y procedimiento de dicha Comisión, así como los de los otros órganos encargados de esa materia". Al respecto, ver FAÚNDEZ LEDESMA, *El Sistema Interamericano de Protección de los Derechos Humanos. Aspectos institucionales y procesales*, pp. 141-166.

[27] *Ibid.*, art 124: "Se consideran como Organismos Especializados Interamericanos, para los efectos de esta Carta, los organismos intergubernamentales establecidos por acuerdos multilaterales que tengan determinadas funciones en materias técnicas de interés común para los Estados americanos".

6. Corte Interamericana: "es una institución judicial autónoma de la OEA cuyo objetivo es la aplicación e interpretación de la Convención Americana sobre Derechos Humanos"[28], así como de otros tratados interamericanos de derechos humanos. Es un organismo autónomo, descentralizado y establecido por la Convención Americana. Si bien no fue creada en virtud de la Carta de la OEA, tiene una relación institucional con este órgano, concretamente con la Asamblea General, la Comisión de Asuntos Jurídicos y Políticos, y la Comisión de Asuntos Administrativos y Presupuestarios. En tal sentido, se compone de siete jueces y juezas elegidos/as por la Asamblea General.

II.   INSTRUMENTOS INTERAMERICANOS

El Sistema Interamericano se fundamenta en los tratados regionales de derechos humanos, declaraciones, resoluciones y otros instrumentos aprobados por los Estados miembros de la OEA, así como por decisiones, opiniones consultivas, informes y estándares provenientes de sus dos órganos, la Comisión Interamericana y la Corte Interamericana, los cuales abarcan un amplio espectro de derechos protegidos, e incluyen temas de naturaleza orgánica y procedimental. A continuación, se detallarán brevemente los tratados interamericanos de derechos humanos más relevantes para los fines de este manual.

Previamente debe indicarse que las reservas y denuncias a estos instrumentos internacionales modifican sus efectos jurídicos frente a cada Estado parte. Las primeras consisten en declaraciones unilaterales que pueden realizar los Estados al firmar, ratificar o adherirse a un tratado, con el fin de excluir o modificar los efectos jurídicos de alguna de sus disposiciones, siempre y cuando sea compatible con el objeto y fin del tratado[29]. Al respecto, por ejemplo, la Corte IDH ha señalado que sería incompatible con el objeto y fin de la Convención Americana una reserva que permita la suspensión o derogación de los derechos a los que refiere el

---

[28]   OEA, "Otras Entidades, Organismos y Dependencias Autónomas y Descentralizadas".

[29]   Convención de Viena sobre el Derecho de los Tratados, 23/05/1969, arts. 2 y 19; Convención Americana sobre Derechos Humanos, 22/11/1969, art. 75.

artículo 27 de la Convención[30], salvo que solo se restrinjan algunos aspectos de uno de estos derechos sin privarlo de su propósito básico[31].

En cuanto a la denuncia, esta es una declaración unilateral de un Estado en la que manifiesta su voluntad de no seguir obligado por un tratado específico, teniendo en cuenta los requisitos del tratado en cuestión o las reglas generales de la Convención de Viena sobre el Derecho de los Tratados. Así, la Convención Americana señala expresamente en su artículo 78 que los Estados partes pueden denunciarla después de cinco años de su entrada en vigor y mediante un preaviso de un año por conducto del secretario general de la OEA. A la fecha, solo Trinidad y Tobago y Venezuela[32] han denunciado la Convención Americana. Por último, debe agregarse que salvo que se disponga otra cosa, los tratados entran en vigor para un Estado en la fecha de depósito de su instrumento de ratificación o adhesión[33].

---

[30] Convención Americana sobre Derechos Humanos, 22/11/1969, art. 27: "En caso de guerra, de peligro público o de otra emergencia que amenace la independencia o seguridad del Estado parte, éste podrá adoptar disposiciones que, en la medida y por el tiempo estrictamente limitados a las exigencias de la situación, suspendan las obligaciones contraídas en virtud de esta Convención, siempre que tales disposiciones no sean incompatibles con las demás obligaciones que les impone el derecho internacional y no entrañen discriminación alguna fundada en motivos de raza, color, sexo, idioma, religión u origen social.

La disposición precedente no autoriza la suspensión de los derechos determinados en los siguientes artículos: 3 (Derecho al Reconocimiento de la Personalidad Jurídica); 4 (Derecho a la Vida); 5 (Derecho a la Integridad Personal); 6 (Prohibición de la Esclavitud y Servidumbre); 9 (Principio de Legalidad y de Retroactividad); 12 (Libertad de Conciencia y de Religión); 17 (Protección a la Familia); 18 (Derecho al Nombre); 19 (Derechos del Niño); 20 (Derecho a la Nacionalidad), y 23 (Derechos Políticos), ni de las garantías judiciales indispensables para la protección de tales derechos".

[31] Corte IDH, Opinión Consultiva No. 3/83, párr. 61.

[32] El 10 de septiembre de 2012 Venezuela denunció la Convención Americana. Posteriormente, el 31 de julio de 2019, depositó nuevamente un instrumento de ratificación a la Convención Americana y reconoció la competencia jurisdiccional de la Corte Interamericana. Ver OEA, "Convención Americana sobre Derechos Humanos. Estado de firmas y ratificaciones".

[33] Convención de Viena sobre el Derecho de los Tratados, 23/05/1969, art. 24; Convención Americana sobre Derechos Humanos, 22/11/1969, art. 74.

Ahora bien, las obligaciones en materia de derechos humanos de los Estados miembros de la OEA se derivan principalmente de la Declaración Americana, la Convención Americana, sus dos Protocolos Adicionales, otros tratados regionales de derechos humanos y la Carta de la OEA.

La Declaración Americana de los Derechos y Deberes del Hombre

Fue adoptada en 1948 y no constituye un tratado internacional. No obstante, la doctrina ha señalado que es vinculante[34] por (i) haber quedado incorporada a la Carta de la OEA con el Protocolo de Buenos Aires de 1970[35]; (ii) porque reúne las características para ser considerada costumbre internacional[36], o cuanto menos algunos de los derechos allí consagrados[37]; y (iii) porque tanto la Asamblea General de la OEA como la Corte IDH y la CIDH han reconocido que es una fuente de obligaciones internacionales para los Estados miembros de la OEA[38]. Al respecto, la Corte IDH ha establecido que

[p]ara los Estados Partes en la Convención la fuente concreta de sus obligaciones, en lo que respecta a la protección de los derechos humanos es, en principio, la propia Convención. Sin embargo, hay que tener en cuenta que a la luz del artículo 29.d), no obstante que el instrumento principal que rige para los Estados Partes en la Convención es esta misma, no por ello se liberan de las obligaciones

---

[34] Para profundizar en esta discusión, ver DÍAZ, "La génesis de la Declaración Americana de los Derechos y Deberes del Hombre y la relevancia actual de sus trabajos preparatorios", pp. 373-381.

[35] BUERGENTHAL, "The Revised OAS Charter and the Protection of Human Rights", pp. 828 y 835.

[36] FAÚNDEZ LEDESMA, *El Sistema Interamericano de Protección de los Derechos Humanos. Aspectos institucionales y procesales*, p. 32; NIKKEN, *La protección internacional de los derechos humanos. Su desarrollo progresivo*, pp. 284-308.

[37] DÍAZ, "La génesis de la Declaración Americana de los Derechos y Deberes del Hombre y la relevancia actual de sus trabajos preparatorios", p. 373.

[38] SALVIOLI, "El aporte de la Declaración Americana de 1948, para la protección internacional de los derechos humanos", p. 693.

que derivan para ellos de la Declaración por el hecho de ser miembros de la OEA[39].

En tal orden de ideas, el Estatuto de la Comisión Interamericana considera expresamente a la Declaración Americana como un instrumento internacional de aplicación en el desarrollo de sus funciones[40]. En concreto, el artículo 1 del Estatuto establece que, para la consecución de sus fines, "por derechos humanos" deben entenderse comprendidos "los derechos definidos en la Convención Americana sobre Derechos Humanos en relación con los Estados partes en la misma".

Como consecuencia de ello, en los casos adelantados contra los Estados que no son parte de la Convención Americana, se aplican las disposiciones de la Declaración Americana, según el procedimiento dispuesto en el artículo 26 del Reglamento de la Comisión. En el mismo sentido, la Comisión Interamericana ha indicado que

[c]on respecto a los alegatos sobre violaciones de la Declaración Americana, en atención a lo dispuesto en los artículos 23 y 51 de su Reglamento, la Comisión goza, en principio, de competencia *ratione materiae* para examinar violaciones de los derechos consagrados por dicha Declaración. Sin embargo, la CIDH ha establecido previamente que una vez que la Convención Americana entra en vigor en relación con un Estado, es dicho instrumento —no la Declaración— el que pasa a ser la fuente específica del derecho que aplicara la CIDH, siempre que en la petición se aleguen violaciones de derechos sustancialmente idénticos consagrados en los dos instrumentos y que no medie una situación de continuidad[41].

En suma, este doble carácter declarativo y vinculante que ha adquirido la Declaración Americana la convierte en un instrumento internacional dual

---

[39] Corte IDH, Opinión Consultiva No. 10/89, párr. 46.

[40] SALVIOLI, "El aporte de la Declaración Americana de 1948, para la protección internacional de los derechos humanos", p. 686.

[41] CIDH, "Eva Cristina Allan Ramos. Ecuador", párr. 22. Ver también Corte IDH, Opinión Consultiva No. 10/89, párrs. 41-47.

que sirve, a la vez, como base legal y manifiesto político para los órganos de protección que integran el Sistema Interamericano[42].

La Convención Americana sobre Derechos Humanos (Pacto de San José de Costa Rica)

Es el instrumento de derechos humanos de mayor relevancia en la región, el cual fue suscrito en 1969 y entró en vigor en el año 1978[43]. En el preámbulo de la Convención se indica claramente que su propósito es consolidar, en el marco de las instituciones democráticas, "un régimen de libertad personal y de justicia social, fundado en el respeto de los derechos esenciales del hombre [y la mujer]".

El Protocolo Adicional a la Convención Americana sobre Derechos Humanos en materia de Derechos Económicos, Sociales y Culturales (Protocolo de San Salvador)

Fue suscrito en 1988 y entró en vigor en 1999. De acuerdo a su artículo 1, mediante este instrumento los Estados

[s]e comprometen a adoptar las medidas necesarias tanto de orden interno como mediante la cooperación entre los Estados, especialmente económica y técnica, hasta el máximo de los recursos disponibles y tomando en cuenta su grado de desarrollo, a fin de lograr progresivamente, y de conformidad con la legislación interna, la plena efectividad de los derechos que se reconocen en el presente Protocolo.

En su artículo 19, el Protocolo dispone dos mecanismos para la protección de los derechos económicos, sociales y culturales a nivel regional: (i) el acceso al sistema de peticiones individuales para las violaciones al derecho a la organización de sindicatos y al derecho a la educación, y (ii) el sistema de informes periódicos de los Estados, respecto

---

[42] BUERGENTHAL, "La relación conceptual y normativa entre la Declaración Americana y la Convención Americana sobre Derechos Humanos", pp. 112-113.

[43] PELAYO MÖLLER, *Introducción al Sistema Interamericano de Derechos Humanos*, p. 16.

a medidas progresivas que hayan adoptado para asegurar los derechos consagrados en el Protocolo[44].

A fin de realizar esta última labor, la Asamblea General de la OEA creó el Grupo de Trabajo del Protocolo de San Salvador para analizar los informes presentados por los Estados[45].

La Convención Interamericana para Prevenir y Sancionar la Tortura

Fue suscrita en 1985 y entró en vigor en 1987. Esta Convención establece las definiciones sobre tortura, trato cruel, inhumano y degradante. Asimismo, detalla las obligaciones que tienen los Estados para prevenir, investigar y sancionar este tipo de violaciones de derechos humanos.

El Protocolo Adicional a la Convención Americana sobre Derechos Humanos relativo a la Abolición de la Pena de Muerte

Fue adoptado en 1990 y entró en vigor en 1991. El Protocolo contiene obligaciones para que los Estados eliminen la pena de muerte y se comprometan a no instaurar este tipo de penas en el futuro.

La Convención Interamericana sobre Desaparición Forzada de Personas

Fue adoptada en 1994 y entró en vigor en 1996. La Convención obliga a los Estados tanto a no practicar, permitir o tolerar la desaparición forzada, como también a adoptar las medidas legislativas para tipificar la desaparición forzada como delito.

La Convención Interamericana para Prevenir, Sancionar y Erradicar la Violencia Contra la Mujer (Convención de *Belém do Pará*)

Fue adoptada en 1994 y entró en vigor al año siguiente. Es el tratado regional con más ratificaciones e incluye una definición de la violencia contra la mujer, incluyendo la violencia física, sexual y psicológica, y establece que toda mujer tiene derecho a una vida libre de violencia.

---

[44] Para conocer más sobre el sistema de informes periódicos, ver CIDH, Lineamientos para la Elaboración de Indicadores de Progreso en Materia de Derechos Económicos, Sociales y Culturales.

[45] Asamblea General de la OEA, AG/RES. 2262 (XXXVII-O/07).

La Convención Interamericana sobre la Protección de los Derechos de las Personas Mayores

Fue adoptada en 2015 y entró en vigor en enero 2017. En su preámbulo, se reconoce que las personas mayores poseen los mismos derechos y libertades fundamentales que cualquier otra persona, y se prohíbe todo tipo de discriminación basada en la edad.

La Convención Interamericana contra el Racismo, la Discriminación Racial y Formas Conexas de Intolerancia

Fue adoptada en 2013 y entró en vigor en el 2017. A la fecha solo ha sido ratificada por seis Estados. En su artículo 2 establece que "[t]odo ser humano es igual ante la ley y tiene derecho a igual protección contra el racismo, la discriminación racial y formas conexas de intolerancia en cualquier ámbito de la vida pública o privada".

La Carta de la OEA

Fue aprobada en 1948 como documento fundacional de la OEA. Si bien forma un cuerpo de derecho que no es exigible directamente ante instancias internacionales, "puede contribuir a interpretar las obligaciones y derechos allí contenidos"[46]. Así, en las decisiones de la Corte y la Comisión Interamericana se han identificado "los derechos a la seguridad social, a la salud y los derechos laborales, como derechos económicos, sociales y culturales que se derivan de la Carta de la OEA"[47], en lo que corresponde con el artículo 26 de la Convención Americana. En adición, se ha indicado que los Estados partes de la Carta tiene la obligación de cumplir la Declaración Americana "en tanto ella describe y complementa las disposiciones de la Carta"[48]. Como expresión de lo anterior, el Estatuto de

---

[46] Asociación Interamericana para la Defensa Ambiental, Guía de Defensa Ambiental. Construyendo la estrategia para el litigio de casos ante el Sistema Interamericano de Derechos Humanos, p. 15. En ese sentido, ver Corte IDH, "Caso Mina Cuero vs. Ecuador", párr. 130; "Caso Pavez Pavez vs. Chile, párr. 87; "Caso Manuela y otros vs. El Salvador", párr. 182; y "Caso Ex trabajadores del Organismo Judicial vs. Guatemala", párr. 103.

[47] CIDH, El trabajo, la educación y los recursos de las mujeres: La ruta hacia la igualdad en la garantía de los derechos económicos, sociales y culturales, p. 13.

[48] SALVIOLI, "El aporte de la Declaración Americana de 1948, para la protección internacional de los derechos humanos, p. 694. En igual sentido, ver Corte IDH, Opinión Consultiva No. 10/89.

la CIDH dispone que por derechos humanos para los fines del Estatuto se entiende aquellos consagrados en la Declaración Americana para los Estados que sean miembros de la OEA, pero no parte de la CADH.

A continuación, se presenta un cuadro con los Estados que, al 1 de noviembre de 2022, han ratificado y/o adherido cada uno de los instrumentos previamente descritos que se encuentran en vigor.

Cuadro 1:
Tratados interamericanos y sus Estados parte[49]

Tratado interamericano	Estados parte
Convención Americana sobre Derechos Humanos	**24 Estados:** Argentina, Barbados, Bolivia, Brasil, Chile, Colombia, Costa Rica, Dominica, Ecuador, El Salvador, Granada, Guatemala, Haití, Honduras, Jamaica, México, Nicaragua, Panamá, Paraguay, Perú, República Dominicana, Surinam, Uruguay y Venezuela[(*)].
Protocolo de San Salvador	**18 Estados:** Argentina, Bolivia, Brasil, Chile, Colombia, Costa Rica, Ecuador, El Salvador, Guatemala, Honduras, México, Nicaragua, Panamá, Paraguay, Perú, Surinam, Uruguay y Venezuela.
Convención Interamericana para Prevenir y Sancionar la Tortura	**18 Estados:** Argentina, Bolivia, Brasil, Chile, Colombia, Costa Rica, Ecuador, El Salvador, Guatemala, México, Nicaragua, Panamá, Paraguay, Perú, República Dominicana, Surinam, Uruguay y Venezuela.
Protocolo Adicional a la Convención Americana sobre Derechos Humanos relativo a la Abolición de la Pena de Muerte	**13 Estados:** Argentina, Brasil, Chile, Costa Rica, Ecuador, Honduras, México, Nicaragua, Panamá, Paraguay, República Dominicana, Uruguay y Venezuela.

---

[49] Elaboración propia con los datos recuperados de OEA, Departamento de Derecho Internacional, "Tratados Multilaterales Interamericanos".

[(*)] El 10 de septiembre de 2012 Venezuela denunció la Convención Americana. Posteriormente, el 31 de julio de 2019 Venezuela depositó nuevamente un instrumento de ratificación a la Convención Americana y reconoció la competencia jurisdiccional de la Corte Interamericana. Ver: OEA, "Convención Americana sobre Derechos Humanos. Estado de firmas y ratificaciones".

Convención Interamericana sobre Desaparición Forzada de Personas	**15 Estados:** Argentina, Bolivia, Brasil, Chile, Colombia, Costa Rica, Ecuador, Guatemala, Honduras, México, Panamá, Paraguay, Perú, Uruguay y Venezuela.
Convención Interamericana Para Prevenir, Sancionar y Erradicar la Violencia contra la Mujer	**32 Estados:** Antigua y Barbuda, Argentina, Bahamas, Barbados, Belice, Bolivia, Brasil, Chile, Colombia, Costa Rica, Dominica, Ecuador, El Salvador, Granada, Guatemala, Guyana, Haití, Honduras, Jamaica, México, Nicaragua, Panamá, Paraguay, Perú, República Dominicana, San Vicente, Santa Lucía, St. Kitts y Nevis, Surinam, Trinidad y Tobago, Uruguay y Venezuela.
Convención Interamericana sobre la Protección de los Derechos de las Personas Mayores	**11 Estados**: Argentina, Bolivia, Chile, Colombia, Costa Rica, Ecuador, El Salvador, México, Perú, Suriname y Uruguay.
Convención Interamericana contra el Racismo, la Discriminación Racial y Formas Conexas de Intolerancia	**6 Estados:** Antigua y Barbuda, Brasil, Costa Rica, Ecuador, México y Uruguay.

III. ÓRGANOS DEL SISTEMA INTERAMERICANO DE DERECHOS HUMANOS

1. *La Comisión Interamericana de Derechos Humanos*

La Comisión Interamericana es un órgano principal y autónomo de la OEA con competencias específicas en temas de derechos humanos[50]. Su mandato se basa en el artículo 106 de la Carta de la OEA, aunque este se ha ido ampliando a lo largo de los años y actualmente se fundamenta en nueve instrumentos interamericanos. La CIDH ejerce sus atribuciones sobre todos los Estados miembros de la OEA y sobre los Estados parte de la Convención Americana.

---

[50] Para profundizar en la historia de la CIDH, ver: GARCÍA CHAVARRÍA, *Los procedimientos ante la Comisión Interamericana de Derechos Humanos*, pp. 16-19; PELAYO MÖLLER, *Introducción al Sistema Interamericano de Derechos Humanos*; MEDINA QUIROGA & NASH ROJAS, *Sistema Interamericano de Derechos Humanos: Introducción a sus Mecanismos de Protección*; FAÚNDEZ LEDESMA, *El Sistema Interamericano de Protección de los Derechos Humanos. Aspectos institucionales y procesales.*

A. *Composición y estructura*

La CIDH está integrada por siete miembros, a quienes se les conoce como comisionados/as y no representan a un Estado en particular, sino que actúan de manera independiente. Deben ser "personas de alta autoridad moral y reconocida versación en materia de derechos humanos"[51], pero no es necesario que sean juristas. El período de mandato es de cuatro años con una sola posibilidad de reelección[52]. Cabe señalar que comisionadas y comisionados no llevan a cabo esta función de forma permanente. Además, no puede formar parte de la Comisión más de un comisionado/a de una misma nacionalidad[53]. Tanto en el Estatuto de la CIDH como en su Reglamento se establece el régimen del cargo: incompatibilidades, deberes, inmunidades y privilegios.

Los miembros de la Comisión son propuestos mediante una lista de candidatos presentada por los Estados de la OEA y son elegidos por la Asamblea General. La integración actual de la CIDH puede consultarse en su página de internet[54].

La Mesa Directiva de la Comisión está compuesta por un/a presidente/a, un/a primer vicepresidente/a, y un/a segundo/a vicepresidente/a, cuyas atribuciones se establecen en el artículo 10 del Reglamento de la CIDH[55].

---

[51] CIDH, Reglamento de la CIDH, art. 1.3. A pesar de que estos requisitos no se encuentran definidos formalmente, la sociedad civil ha hecho aportes y críticas sobre estos criterios. Al respecto, ver SALAZA & ROHT-ARRIAZA, "Democracia y transparencia en el SIDH: una experiencia en marcha".

[52] CIDH, Reglamento de la CIDH, art. 2.1.

[53] Asamblea General de la OEA, Estatuto de la CIDH, art. 7; Convención Americana sobre Derechos Humanos, 22/11/1969, art. 37.

[54] CIDH, "Composición de la CIDH".

[55] Vale destacar que en 2021 fue elegida por primera vez una mesa directiva integrada por tres mujeres y, en 2023, se eligió una mesa directiva integrada en su totalidad por mujeres.

a.   *Secretaría Ejecutiva*

La Secretaría Ejecutiva asiste en sus funciones a la CIDH[56] y tiene sede en Washington, D.C. Está compuesta por un/a secretario/a ejecutivo/a —elegido por la CIDH y nombrado por el secretario general de la OEA—, dos Secretarías Ejecutivas Adjuntas y por personal profesional, técnico y administrativo permanente.

b.   *Relatorías*

Con el fin de estudiar la situación de derechos humanos de un país o un área temática determinada, la Comisión puede atribuir mandatos específicos a un miembro (o un grupo de ellos), o bien a una persona por ella designada (en cuyo caso se denominan relatorías especiales). Para ello, la CIDH debe definir el mandato conferido –incluyendo sus funciones y alcances– y "la descripción de las actividades a desarrollar y los métodos de financiamiento proyectados con el fin de sufragarlas"[57].

Así, la CIDH crea relatorías temáticas o especiales con mandatos vinculados a la promoción y protección de los derechos humanos en áreas de especial interés. Estos mandatos deberán ser evaluados periódicamente y estarán sujetos a revisión, renovación o terminación –al menos– cada tres años. En el caso de los/as relatores/as especiales, sus cargos serán ejercidos por tres años, renovables por única vez, salvo que el mandato concluya en un período menor.

---

[56]   Asamblea General de la OEA, Estatuto de la CIDH, art. 21.2: "El Secretario Ejecutivo, quien deberá ser persona de alta autoridad moral y reconocida versación en materia de derechos humanos, será responsable de la actividad de la Secretaría y asistirá a la Comisión en el ejercicio de sus funciones, de conformidad con el Reglamento".

[57]   CIDH, Reglamento de la CIDH, art. 15.3.

A noviembre de 2022 han sido creadas, además de las relatorías de país[58], las relatorías y relatorías especiales que se mencionan en el cuadro que sigue a continuación[59].

Cuadro 2:
Relatorías temáticas de la CIDH[60]

Relatoría	Año de creación
Relatoría sobre los Derechos de los Pueblos Indígenas	1990
Relatoría sobre los Derechos de las Mujeres	1994
Relatoría sobre los Derechos de las Personas Migrantes	1996[61]
Relatoría Especial para la Libertad de Expresión	1997
Relatoría sobre los Derechos de la Niñez	1998
Relatoría sobre Defensoras y Defensores de Derechos Humanos y Operadores de Justicia	2001[62]

---

[58] *Ibid.*, art. 15.2: "La Comisión podrá designar a sus miembros como responsables de relatorías de país, en cuyo caso asegurará que cada Estado miembro de la OEA cuente con un relator o relatora. En la primera sesión del año o cuando sea necesario, la CIDH considerará el funcionamiento y la labor de las relatorías de país y decidirá sobre su asignación. Asimismo, los relatores o relatoras de país ejercerán las responsabilidades de seguimiento que la Comisión les asigne y, al menos una vez al año, informarán al pleno sobre las actividades llevadas a cabo.

[59] *Ibid.*, art. 15.4: "Las relatorías a las que se refiere el parágrafo anterior podrán funcionar ya sea como relatorías temáticas, a cargo de un miembro de la Comisión, o como relatorías especiales, a cargo de otras personas designadas por la Comisión. Las relatoras o relatores temáticos serán designados por la Comisión en su primera sesión del año o en cualquier otro momento que resulte necesario.

[60] Elaboración propia con los datos recuperados de CIDH, "Relatorías Temáticas".

[61] Antes se denominaba "Relatoría sobre Trabajadores Migratorios y Miembros de sus Familias". Desde 2012, lleva el nombre actual.

[62] A partir de 2019, se amplió su mandato a la situación de los operadores de justicia.

Relatoría sobre los Derechos de las Personas Privadas de Libertad y para la Prevención y Combate a la Tortura	2004[63]
Relatoría sobre los Derechos de las Personas Afrodescendientes y contra la Discriminación Racial	2005
Relatoría sobre los Derechos de las Personas Lesbianas, Gays, Bisexuales, Trans e Intersex	2011[64]
Relatoría Especial sobre Derechos Económicos, Sociales, Culturales y Ambientales	2012[65]
Relatoría sobre los Derechos de las Personas con Discapacidad	2017[66]
Relatoría sobre Memoria, Verdad y Justicia	2017[67]
Relatoría sobre Derechos de las Personas Mayores	2017[68]

B.   *Funciones de la CIDH*

La Comisión tiene un conjunto de atribuciones para la promoción y protección de los derechos humanos. La función principal de la CIDH es "promover la observancia y la defensa de los derechos humanos en las Américas y servir como órgano consultivo de la Organización de Estados Americanos en esta materia"[69]. Puntualmente, las funciones de la Comisión pueden dividirse en: (i) actividades de promoción de los derechos humanos (formular recomendaciones a los Estados, atender consultas de los Estados, rendir un informe anual a la Asamblea General, entre otras); (ii) monitoreo de la situación de derechos humanos en la región (realizar visitas *in loco*, elaborar informes generales y especiales, coordinar relatorías, llevar a cabo audiencias); (iii) actividades cuasi judiciales (a través del sistema de peticiones individuales); y (iv) adopción de medidas cautelares.

---

[63]   A partir de 2019, se amplió su mandato a la prevención y combate a la tortura.

[64]   Hasta 2014 era una unidad temática; desde entonces, es una relatoría.

[65]   Anteriormente "Unidad Temática sobre Derechos Económicos, Sociales y Culturales". Desde 2017 es una relatoría que incluyó derechos ambientales.

[66]   Antes era una unidad temática; desde 2019 es una relatoría.

[67]   *Idem.*

[68]   *Idem.*

[69]   Asamblea General de la OEA, Estatuto de la CIDH, art. 1.

Hasta la creación de la Corte Interamericana en 1979 –en el contexto de numerosos gobiernos dictatoriales en Latinoamérica, vale recordar–, la CIDH operó como el único mecanismo regional de protección de derechos humanos en el continente. El mecanismo principal utilizado fue, en un comienzo, la preparación y publicación de informes sobre países. Posteriormente, se comenzó a emplear el mecanismo de casos individuales.

La importancia de este último radica, por un lado, en que posibilita analizar una violación específica y buscar una solución a ella. Por el otro, efectiviza el carácter de sujeto internacional que la persona humana posee para el Derecho Internacional de los Derechos Humanos[70].

En 1966 se aprobó el primer Reglamento de la CIDH, el cual ha sido modificado en varias ocasiones. Actualmente, se encuentra en vigor la versión de 2013[71]. Este Reglamento es producto del Proceso de Reflexión sobre el Funcionamiento de la CIDH para el Fortalecimiento del SIDH[72]:

---

[70] GONZÁLEZ MORALES, "Surgimiento y desarrollo del sistema interamericano de derechos humanos en un contexto de regímenes autoritarios (1960-1990)", p. 128.

[71] Otras reformas anteriores al Reglamento de la CIDH fueron la aprobada en su 116° período ordinario de sesiones, celebrado del 7 al 25 de octubre de 2002; la aprobada en su 118° período ordinario de sesiones, celebrado del 6 al 24 de octubre de 2003; la aprobada en su 126° período ordinario de sesiones, celebrado del 16 al 27 de octubre de 2006; la aprobada en su 137° período ordinario de sesiones, celebrado del 28 de octubre al 13 de noviembre de 2009; y la aprobada en su 147° período ordinario de sesiones, celebrado del 8 al 22 de marzo 2013, para su entrada en el 1 de agosto de 2013.

[72] Sobre este proceso, ver CIDH, "Proceso de Fortalecimiento de la CIDH. Antecedentes"; CEJIL, Los debates sobre el rol de la Comisión Interamericana de Derechos Humanos en democracia. Memoria Histórica del Proceso de Reflexión del Sistema Interamericano de Derechos Humanos 2011/2014; BARRETO MAIA & CÁRDENAS & CERQUEIRA Y OTROS/AS, *Desafíos del sistema interamericano de derechos humanos. Nuevos tiempos, viejos retos.*

De 2011 a 2013, la Comisión ha desarrollado un proyecto de reforma a su Reglamento y a sus políticas y prácticas con el objetivo de fortalecer la protección y promoción de los derechos humanos. Dicho proceso ha tenido como insumos esenciales las recomendaciones y observaciones presentadas por los Estados Miembros, así como todos los actores del Sistema: sociedad civil, víctimas, academia y otros usuarios[73].

Asimismo, las modificaciones realizadas por la CIDH "codifican prácticas y guías internas de trabajo que ya estaban siendo implementadas al interior de su Secretaría [Ejecutiva], otorgando mayor claridad y transparencia sobre su funcionamiento. [...] Otras responden a las preocupaciones expresadas por los Estados a lo largo del proceso de reflexión"[74].

En cuanto a las sesiones, la CIDH celebra al menos dos períodos de sesiones ordinarios al año y podrá acordar otras sesiones –extraordinarias– varias veces por año[75].

Por último, las competencias de la CIDH se dividen en función de si un Estado es únicamente miembro de la OEA, o si también es Estado parte de la Convención Americana. En el cuadro que sigue, se presenta una división de competencias de acuerdo a este criterio.

---

[73] CIDH, Resolución 1/2013, punto 2 exposición de motivos.

[74] CEJIL, Apuntes sobre las reformas al reglamento de la Comisión Interamericana de DD.HH.: cambios derivados del Proceso de Reflexión 2011/2013, p. 6.

[75] CIDH, Reglamento de la CIDH, art. 14.

Cuadro 3:
Competencias de la CIDH[76]

Respecto a todos los Estados miembros de la OEA	**a.** estimular la conciencia de los derechos humanos en los pueblos de América; **b.** formular recomendaciones a los gobiernos de los Estados para que adopten medidas progresivas en favor de los derechos humanos, dentro del marco de sus legislaciones, de sus preceptos constitucionales y de sus compromisos internacionales, y también disposiciones apropiadas para fomentar el respeto a esos derechos; **c.** preparar los estudios o informes que considere convenientes para el desempeño de sus funciones; **d.** solicitar que los gobiernos de los Estados le proporcionen informes sobre las medidas que adopten en materia de derechos humanos; **e.** atender las consultas que, por medio de la Secretaría General de la Organización, le formule cualquier Estado miembro sobre cuestiones relacionadas con los derechos humanos en ese Estado y, dentro de sus posibilidades, prestar el asesoramiento que le soliciten; **f.** rendir un informe anual a la Asamblea General de la Organización, en el cual se tenga debida cuenta del régimen jurídico aplicable a los Estados partes en la Convención Americana sobre Derechos Humanos y de los Estados que no son partes; **g.** practicar observaciones *in loco* en un Estado, con la anuencia o a invitación del gobierno respectivo, y **h.** presentar al Secretario General el programa-presupuesto de la Comisión para que éste lo someta a la Asamblea General.

---

[76] Asamblea General de la OEA, Estatuto de la CIDH, arts. 18 a 20.

Respecto a los Estados miembros de la OEA que son parte de la CADH	**a.** diligenciar las peticiones y otras comunicaciones; **b.** comparecer ante la Corte Interamericana de Derechos Humanos en los casos previstos en la Convención; **c.** solicitar a la Corte Interamericana de Derechos Humanos que tome las medidas provisionales que considere pertinentes en asuntos graves y urgentes que aún no estén sometidos a su conocimiento, cuando se haga necesario para evitar daños irreparables a las personas; **d.** consultar a la Corte acerca de la interpretación de la Convención Americana sobre Derechos Humanos o de otros tratados sobre la protección de los derechos humanos en los Estados americanos; **e.** someter a la consideración de la Asamblea General proyectos de protocolos adicionales a la Convención Americana sobre Derechos Humanos, con el fin de incluir progresivamente en el régimen de protección de la misma otros derechos y libertades, y **f.** someter a la Asamblea General, para lo que estime conveniente, por conducto del Secretario General, propuestas de enmienda a la Convención Americana sobre Derechos Humanos.
Respecto a los Estados miembros de la OEA que no son parte de la CADH	**a.** prestar particular atención a la tarea de la observancia de los derechos humanos mencionados en los artículos I, II, III, IV, XVIII, XXV y XXVI de la Declaración Americana de los Derechos y Deberes del Hombre; **b.** examinar las comunicaciones que le sean dirigidas y cualquier información disponible; dirigirse al gobierno de cualquiera de los Estados miembros no partes en la Convención con el fin de obtener las informaciones que considere pertinentes y formularles recomendaciones, cuando lo considere apropiado, para hacer más efectiva la observancia de los derechos humanos fundamentales; **c.** verificar si los procesos y recursos internos de cada Estado miembro no parte en la Convención fueron debidamente aplicados y agotados.

2. *La Corte Interamericana de Derechos Humanos*

La Corte Interamericana es el órgano judicial del SIDH. Fue creada en 1979, cuando la Asamblea General de la OEA –en su noveno período de sesiones celebrado en La Paz (Bolivia)– aprobó el Estatuto de la Corte; fue instalada oficialmente en Costa Rica ese mismo año[77]. De acuerdo al Estatuto, "es una institución judicial autónoma cuyo objetivo es la aplicación e interpretación de la Convención Americana sobre Derechos Humanos"[78].

A. Composición y estructura

a. Juezas y jueces

La Corte IDH está compuesta por siete juezas y jueces nacionales de los Estados miembro de la OEA[79]. Según lo consagrado en el artículo 52 de la Convención, las juezas y los jueces son elegidas/os a título personal entre juristas de la más alta autoridad moral, de reconocida competencia en materia de derechos humanos, y que reúnen las condiciones requeridas para el ejercicio de las más elevadas funciones judiciales conforme a las leyes del Estado del que sean nacionales, o del Estado que las/os proponga como candidatas/os. No debe haber dos juezas o jueces de la misma nacionalidad[80].

La duración del mandato de las juezas o de los jueces es de seis años y pueden ser reelegidas/os por una vez[81]. Sin embargo, pueden extender su término cuando deban seguir conociendo de aquellos casos a los que ya se hubiesen abocado y que se encuentren en estado de sentencia, a cuyos efectos no serán sustituidos por las/os nuevas/os juezas o jueces[82]. El

---

[77] La Corte Interamericana es uno de los tres tribunales regionales de protección de los derechos humanos. Los otros son el Tribunal Europeo de Derechos Humanos, y la Corte Africana de Derechos Humanos y de los Pueblos.

[78] Asamblea General de la OEA, Estatuto de la Corte IDH, art. 1.

[79] Convención Americana sobre Derechos Humanos, 22/11/1969, art. 52 y; Asamblea General de la OEA, Estatuto de la Corte IDH, art. 4.1. Aunque la figura no se aborda de manera específica en este manual, en determinadas ocasiones también existe la posibilidad de nombrar juezas o jueces *ad hoc*; es decir, magistradas/os nombradas/os conforme a lo establecido en el artículo 55 de la Convención Americana, el artículo 10 del Estatuto de la Corte y el artículo 20 del Reglamento de la Corte. Para conocer sobre esta figura, ver Corte IDH, Opinión Consultiva No. 20/09.

[80] Asamblea General de la OEA, Estatuto de la Corte IDH, art. 4.2.

[81] *Ibid.*, art. 5.1.

[82] *Ibid.*, art. 5.3.

régimen de las juezas y los jueces (incompatibilidades, responsabilidades, impedimentos, excusas e inhabilitación) se encuentra regulado en la Convención Americana (artículo 55), el Estatuto (artículos 15 a 21) y el Reglamento de la Corte IDH (artículos 19 y 21).

El reglamento de la Corte también regula la organización interna de sus integrantes. Para ello, se establecen las figuras de presidencia, vicepresidencia y comisiones[83]. Además, "los Jueces están a disposición de la Corte y deben trasladarse a la sede o al lugar en que ésta realice sus sesiones. Aunque no existe el requisito de residencia para los Jueces en la sede de la Corte, el Presidente debe prestar permanentemente sus servicios"[84]. La composición actual de la Corte IDH puede consultarse en su página web[85].

b. *Secretaría*

La Secretaría de la Corte tiene un rol fundamental para el cumplimiento de las actividades. Ello se debe a que las juezas y los jueces no prestan sus servicios a tiempo completo[86].

Además del/de la secretario/a adjunto/a, la Secretaría de la Corte cuenta con un grupo de abogados y abogadas que dan seguimiento permanente al mandato de este órgano. A su vez, pueden asumir la responsabilidad temporal de la Secretaría por encargo previo y en ausencia del secretario/a y el/la secretario/a adjunto[87].

B. *Funciones de la Corte Interamericana*

La Corte Interamericana interpreta y aplica la Convención Americana, así como otros tratados regionales que le atribuyan tales competencias, "con el objeto de supervisar, de manera complementaria a la Comisión, el cumplimiento de las obligaciones asumidas por los Estados al ratificar" los

---

[83] *Ibid.*, arts. 3-6.

[84] Corte IDH, ABC de la Corte Interamericana de Derechos Humanos. El qué, cómo, cuándo, dónde y por qué de la Corte Interamericana. Preguntas frecuentes, p. 9.

[85] Corte IDH, "Composición actual de la Corte IDH".

[86] Convención Americana sobre Derechos Humanos, 22/11/1969, art. 59.

[87] Reglamento de la Corte IDH, art. 8.3.

instrumentos regionales de derechos humanos[88]. Centralmente, la Corte tiene dos competencias: una contenciosa, que está limitada a los Estados parte en la Convención Americana que expresamente le hayan conferido esta atribución; y otra consultiva, que se hace extensiva a todos los Estados miembro de la OEA.

De la competencia contenciosa de la Corte se derivan tres funciones principales, a saber: (i) determinar si un Estado ha incurrido en responsabilidad internacional por la violación de alguno de los derechos consagrados en la Convención Americana o en otros tratados interamericanos de derechos humanos; (ii) supervisar el cumplimiento de las sentencias; y (iii) dictar medidas provisionales en casos de extrema gravedad y urgencia, y cuando se haga necesario evitar daños irreparables a las personas.

Cabe mencionar que la competencia contenciosa de la Corte IDH es limitada pues solo puede atender casos en los que se cumplan las siguientes condiciones: (i) el Estado involucrado ratificó la Convención Americana; (ii) el Estado involucrado ha aceptado la jurisdicción opcional de la Corte[89]; (iii) la Comisión Interamericana emitió informe de fondo sobre una petición individual; y (iv) el caso fue remitido a la Corte, ya sea por la Comisión o por el Estado denunciado, conforme a lo establecido en los reglamentos y estatutos de ambos órganos.

Por su parte, de la competencia consultiva se deriva la función principal de responder a las consultas que formulan los Estados miembros de la OEA o sus órganos acerca de la compatibilidad de las normas internas con la Convención, y la interpretación de la Convención o de otros tratados

---

[88] CEJIL, Guía para recopilar información que respalde una petición ante el Sistema Interamericano, p. 12.

[89] Los Estados que actualmente reconocen la competencia contenciosa de la Corte IDH son Argentina, Barbados, Bolivia, Brasil, Chile, Colombia, Costa Rica, Ecuador, El Salvador, Guatemala, Haití, Honduras, México, Nicaragua, Panamá, Paraguay, Perú, República Dominicana, Surinam y Uruguay. Trinidad y Tobago y Venezuela denunciaron la Convención Americana en 1998 y 2012, respectivamente. Al respecto, la Corte IDH determinó que los Estados que deciden denunciar la Convención Americana continúan sujetos –como miembros de la OEA– a las obligaciones que le imponen la Carta de la OEA y la Declaración Americana. *Cf.* Corte IDH, Opinión Consultiva No. 26/20.

concernientes a la protección de los derechos humanos en los Estados americanos[90]. A junio de 2023, la Corte Interamericana ha emitido 29 opiniones consultivas, las cuales pueden ser consultadas en su página web[91].

Por último, debe indicarse que la Corte Interamericana celebra cada año los períodos de sesiones que determine necesarios para su eficaz funcionamiento[92].

---

[90] Corte IDH, ABC de la Corte Interamericana de Derechos Humanos. El qué, cómo, cuándo, dónde y por qué de la Corte Interamericana. Preguntas frecuentes, p. 11.

[91] Corte IDH, "Opiniones Consultivas"

[92] Corte IDH, ABC de la Corte Interamericana de Derechos Humanos. El qué, cómo, cuándo, dónde y por qué de la Corte Interamericana. Preguntas frecuentes, p. 13.

PARTE II

ALGUNAS NOCIONES BÁSICAS

Habiendo hecho referencia a los órganos del SIDH y a los instrumentos que aplican, pasaremos a continuación a explicar algunas nociones básicas de derecho internacional que deben tenerse presentes al preparar una petición a la CIDH. En particular, nos ocuparemos del concepto de responsabilidad internacional en derechos humanos, de las obligaciones de los Estados en materia de derechos humanos, y del carácter subsidiario y complementario de la protección internacional respecto al sistema de peticiones y casos.

I. LA RESPONSABILIDAD INTERNACIONAL POR VIOLACIONES DE DERECHOS HUMANOS

Uno de los elementos claves en el ámbito de la protección internacional de los derechos humanos es el concepto de responsabilidad internacional[97]. Desde el derecho internacional público, la responsabilidad internacional se refiere al incumplimiento por parte de un Estado de una o más de sus obligaciones internacionales, ya sean de origen convencional o consuetudinario[98].

---

[97] Nikken, "Los presupuestos de los derechos humanos", p. 242.

[98] Para profundizar en la noción de responsabilidad internacional, ver AGUIAR, "La responsabilidad internacional del Estado por violación de derechos humanos", pp. 117-153.

De acuerdo con la Comisión de Derecho Internacional de las Naciones Unidas[99], "todo hecho internacionalmente ilícito de un Estado genera su responsabilidad internacional [...], [el cual] puede consistir en una o varias acciones u omisiones o en una combinación de ambas cosas"[100]. El acto u omisión de un Estado se considerará un hecho internacionalmente ilícito cuando concurran dos elementos: i) el acto u omisión debe constituir una infracción a una obligación internacional; y ii) el acto u omisión debe ser atribuible al Estado[101].

Teniendo en cuenta lo anterior, a la luz del DIDH, la responsabilidad internacional se configura por cualquier acción u omisión realizada por un agente estatal, o por un particular con aquiescencia del Estado, mediante la cual se incumplan las obligaciones internacionales del Estado de respetar y garantizar los derechos humanos de las personas bajo su jurisdicción. Además, debe acreditarse el nexo causal entre la conducta estatal y la violación de derechos humanos producida. Así, en el caso *Velásquez Rodríguez vs. Honduras*, la Corte Interamericana sentó por primera vez las bases sobre las cuales se analiza la responsabilidad estatal por violaciones de derechos humanos en el Sistema Interamericano. Allí, el tribunal sostuvo que

[c]onforme al artículo 1.1 es ilícita toda forma de ejercicio del poder público que viole los derechos reconocidos por la Convención. En tal sentido, en toda circunstancia en la cual un órgano o funcionario del Estado o de una institución de carácter público lesione indebidamente uno de tales derechos, se está ante un supuesto de inobservancia del deber de respeto consagrado en ese artículo.

Esa conclusión es independiente de que el órgano o funcionario haya actuado en contravención de disposiciones del derecho interno o desbordado los límites de su propia competencia, puesto que es un principio de derecho internacional que el Estado responde por los

---

[99] La Comisión de Derecho Internacional de las Naciones Unidas fue creada en 1947 por la Asamblea General de las Naciones Unidas y tiene por "objeto impulsar el desarrollo progresivo del Derecho internacional y su codificación". Más información en http://legal.un.org/ilc/.

[100] Asamblea General de las Naciones Unidas, A/RES/56/83, anexo, art. 1.

[101] *Ibid.*, art. 2.

actos de sus agentes realizados al amparo de su carácter oficial y por sus omisiones, aun si actúan fuera de los límites de su competencia o en violación del derecho interno.

[...] Lo decisivo es dilucidar si una determinada violación a los derechos humanos reconocidos por la Convención Americana ha tenido lugar con el apoyo o la tolerancia del poder público, o si el Estado ha actuado de manera que la trasgresión se haya cumplido en defecto de toda prevención o impunemente. **En definitiva, de lo que se trata es de determinar si la violación a los derechos humanos resulta de la inobservancia por parte de un Estado de sus deberes de respetar y de garantizar dichos derechos, que le impone el artículo 1.1 de la Convención**[102] [resaltado añadido].

Sobre este punto, debe indicarse que la responsabilidad internacional surge ante cualquier acto u omisión de los órganos del Estado, en los diferentes poderes y jerarquías en ejercicio del poder público. De este modo, ningún poder público del Estado está excluido del principio de responsabilidad internacional[103]. Asimismo, la Corte Interamericana ha sostenido que dicha responsabilidad persiste indistintamente de los cambios políticos que se generan en el Estado en cuestión, en los siguientes términos:

Según el principio de Derecho internacional de la identidad o continuidad del Estado, la responsabilidad subsiste con independencia de los cambios de gobierno en el transcurso del tiempo y, concretamente, entre el momento en que se comete el hecho ilícito que genera la responsabilidad y aquél en que ella es declarada. Lo anterior es válido también en el campo de los derechos humanos, aunque, desde un punto de vista ético o político, la actitud del nuevo gobierno sea mucho más respetuosa de esos derechos que la que tenía el gobierno en la época en la que las violaciones se produjeron[104].

Por otro lado, con relación a la atribución de responsabilidad por la conducta de terceros, la responsabilidad internacional de un Estado por actos de particulares que tengan como consecuencia jurídica la violación a

---

[102] Corte IDH, "Caso Velásquez Rodríguez vs. Honduras", párrs. 169-173.

[103] Asamblea General de las Naciones Unidas, A/RES/56/83, art. 4.

[104] Corte IDH, "Caso Velásquez Rodríguez vs. Honduras", párr. 184.

determinados derechos humanos no es automática y "corresponde atenerse a las circunstancias particulares del caso y a la concreción de [las] obligaciones de garantía"[105]. En efecto, la jurisprudencia interamericana ha indicado cuatro tipos de casos sobre atribución de responsabilidad[106]:

1) cuando los actos son cometidos por personas con capacidad estatal;

2) cuando la violación se produce con complicidad o aquiescencia del agente estatal;

3) cuando falta la debida diligencia en la obligación de prevenir;

4) cuando el Estado no garantiza que los particulares no discriminen a terceros.

Ahora bien, la consecuencia jurídica de la responsabilidad internacional es el nacimiento de una nueva obligación jurídica: el deber de cesar el hecho ilícito y reparar el daño causado[107], cuyo alcance dependerá de la dimensión de la violación[108]. Tal obligación de reparar "recoge una norma consuetudinaria que constituye uno de los principios fundamentales del Derecho Internacional contemporáneo sobre responsabilidad de un Estado"[109]. En igual sentido, la Corte IDH, de manera constante y continuada, ha sostenido que

[s]obre la base de lo dispuesto en el artículo 63.1 de la Convención Americana, [...] toda violación de una obligación internacional que haya producido daño comporta el deber de repararlo adecuadamente

---

[105]   Corte IDH, "Caso Gonzales Lluy y otros vs. Ecuador", párr. 170.

[106]   VÁZQUEZ CAMACHO, *La responsabilidad internacional de los Estados derivada de la conducta de particulares o non-state actors conforme al Sistema Interamericano de Promoción y Protección de Derechos Humanos*, p. 15.

[107]   Convención Americana sobre Derechos Humanos, 22/11/1969, art. 63.1: "Cuando decida que hubo violación de un derecho o libertad protegidos en esta Convención, la Corte dispondrá que se garantice al lesionado en el goce de su derecho o libertad conculcados. Dispondrá, asimismo, si ello fuera procedente, que se reparen las consecuencias de la medida o situación que ha configurado la vulneración de esos derechos y el pago de una justa indemnización a la parte lesionada".

[108]   Corte IDH, "Caso Andrade Salmón vs. Bolivia", párr. 188.

[109]   *Idem.*

[...] esa disposición recoge una norma consuetudinaria que constituye uno de los principios fundamentales del Derecho Internacional contemporáneo sobre responsabilidad de un Estado[110].

En síntesis, la responsabilidad internacional de los Estados por violaciones a los derechos humanos se produce por el incumplimiento de sus obligaciones internacionales en la materia, ya sean de origen convencional o consuetudinario, por acción u omisión de cualquier agente estatal o de particulares con la complicidad o aquiescencia del Estado. Como consecuencia del incumplimiento, se genera, además, la obligación del Estado de reparar el daño causado.

II. OBLIGACIONES INTERNACIONALES DE LOS ESTADOS EN EL SISTEMA INTERAMERICANO

La Convención Americana, en sus artículos 1.1 y 2, establece las obligaciones generales de los Estados Partes en relación con los derechos allí reconocidos, a saber: (i) la obligación de respeto; (ii) la obligación de garantía; (iii) la cláusula de no discriminación y (iv) el deber de adoptar medidas internas. En efecto, el artículo 1.1 establece que

[l]os Estados partes en esta Convención se comprometen a respetar los derechos y libertades reconocidos en ella y a garantizar su libre y pleno ejercicio a toda persona que esté sujeta a su jurisdicción, sin discriminación alguna por motivos de raza, color, sexo, idioma, religión, opiniones políticas o de cualquier otra índole, origen nacional o social, posición económica, nacimiento o cualquier otra condición social[111].

En otras palabras, este artículo consagra la obligación de respetar y garantizar los derechos humanos sin discriminación. En adición, con referencia a la obligación de garantía, la Corte IDH ha entendido que los Estados también tienen i) el deber de prevenir, ii) el deber de investigar,

---

[110] Corte IDH, "Caso I.V. vs. Bolivia", párr. 324.

[111] Para profundizar en el tema, ver FERRER MAC-GREGOR & PELAYO MÖLLER, "La obligación de 'respetar' y 'garantizar' los derechos humanos a la luz de la jurisprudencia de la Corte Interamericana", pp. 141-192; MEDINA QUIROGA, "Las obligaciones de los Estados bajo la Convención Americana sobre Derechos Humanos", pp. 207-270.

juzgar y –eventualmente– sancionar, y iii) el deber de reparar las violaciones de derechos humanos[112].

Tradicionalmente se ha entendido que el deber de respeto consiste en obligaciones negativas: el Estado y sus agentes deben abstenerse de llevar a cabo conductas que violen los derechos consagrados en la Convención Americana. En contraste con ello, se ha asumido que el deber de garantía implica principalmente obligaciones positivas: se trata de obligaciones de hacer, en función de las cuales los Estados deben adoptar todas las medidas que sean necesarias y que, de acuerdo a las circunstancias, resulten razonables para asegurar el ejercicio de los derechos humanos[113].

Al respecto, de acuerdo con la Corte IDH, "[e]ste artículo contiene la obligación contraída por los Estados Partes en relación con cada uno de los derechos protegidos, de tal manera que toda pretensión de que se ha lesionado alguno de esos derechos, implica necesariamente la de que se ha infringido también [este artículo]"[114]. En ese orden de ideas,

[e]l artículo 1.1 es fundamental para determinar si una violación de los derechos humanos reconocidos por la Convención puede ser atribuida a un Estado Parte. En efecto, dicho artículo pone a cargo de los Estados Partes los deberes fundamentales de respeto y de garantía, de tal modo que todo menoscabo a los derechos humanos reconocidos en la Convención que pueda ser atribuido, según las reglas del Derecho internacional, a la acción u omisión de cualquier autoridad pública, constituye un hecho imputable al Estado que compromete su responsabilidad en los términos previstos por la misma Convención[115].

Por su parte, el artículo 2 de la Convención Americana consagra el deber de los Estados parte de adoptar las medidas necesarias para hacer efectivos los derechos, en los siguientes términos:

---

[112]   Corte IDH, "Caso Velásquez Rodríguez vs. Honduras", párr. 174.

[113]   LAVRYSEN, "Positive obligations in the jurisprudence of the Inter-American Court of Human Rights", pp. 94-115. Ver también QUINTANA OSUNA & SERRANO GUZMÁN, *La Convención Americana sobre Derechos Humanos. Reflexiones generales*, p. 15.

[114]   Corte IDH, "Caso Velásquez Rodríguez vs. Honduras", párr. 162.

[115]   *Ibid.*, párr. 164.

Si el ejercicio de los derechos y libertades mencionados en el Artículo 1 no estuviere ya garantizado por disposiciones legislativas o de otro carácter, los Estados Partes se comprometen a adoptar, con arreglo a sus procedimientos constitucionales y a las disposiciones de esta Convención, las medidas legislativas o de otro carácter que fueren necesarias para hacer efectivos tales derechos y libertades.

Antes de profundizar en las obligaciones mencionadas, cabe aclarar que estas son igualmente aplicables a los derechos reconocidos en la Declaración Americana de los Derechos y Deberes del Hombre (en adelante, "Declaración Americana"), en virtud de que la doctrina considera que la Declaración Americana se ha convertido en un instrumento vinculante por reunir las características señaladas en el Estatuto de la Corte Internacional de Justicia para ser considerada costumbre internacional[116]. De esta manera, como se explicará más adelante, los Estados miembros de la OEA que no son parte de la Convención Americana también están sujetos a las obligaciones señaladas, por lo que las personas bajo su jurisdicción pueden presentar peticiones por vulneraciones a ellas.

1. *Obligación de respeto*

La primera obligación para los Estados consagrada en la Convención Americana es la de respetar los derechos y libertades reconocidos en ella. En ese orden de ideas, el ejercicio de la función pública tiene límites derivados de los derechos humanos, en tanto atributos inherentes a la

---

[116] NIKKEN, *La protección internacional de los derechos humanos. Su desarrollo progresivo,* pp. 284-308. Para profundizar en el valor jurídico de la Declaración Americana, ver DÍAZ, "La génesis de la Declaración Americana de los Derechos y Deberes del Hombre y la relevancia actual de sus trabajos preparatorios", pp. 361-395; BUERGENTHAL, "La relación conceptual y normativa entre la Declaración Americana y la Convención Americana sobre Derechos Humanos", pp. 111-119; ALONSO, "Declaración Americana de los Derechos y Deberes del Hombre. El derecho a la vida, seguridad e integridad personal de los privados de libertad", pp. 360-394; QUIPSE REMÓN, "La importancia de la Declaración Americana de los Derechos y Deberes del Hombre en el Sistema Interamericano y la interpretación que de ella realiza la Corte Interamericana", pp. 144-165; y CIDH, "José Isabel Salas Galindo y otros. Estados Unidos", párr. 334.

dignidad humana y, en consecuencia, superiores al poder del Estado[117]. Como sostuvo la Corte IDH,

en la protección de los derechos humanos, está necesariamente comprendida la noción de la restricción al ejercicio del poder estatal. De igual manera, es un principio de derecho internacional que el Estado responde por los actos de sus agentes realizados al amparo de su carácter oficial y por las omisiones de los mismos aún si actúan fuera de los límites de su competencia o en violación del derecho interno[118].

En función de lo anterior, la obligación de respeto es una obligación negativa[119]. Con referencia a esta obligación, "es irrelevante la intención o motivación del agente que materialmente haya violado los derechos reconocidos por la Convención, hasta el punto de que la infracción a esta puede establecerse incluso si dicho agente no está individualmente identificado"[120].

2. *Obligación de garantía*

La obligación del Estado no solamente radica en el respeto a los derechos humanos, sino también en garantizar su libre ejercicio. Esta obligación de garantía tiene un carácter positivo. En este orden de ideas, la Corte IDH ha establecido que el deber de garantía puede ser cumplido de diferentes maneras "en función del derecho específico que el Estado deba garantizar y de las particulares necesidades de protección"[121].

Asimismo, la obligación de garantía implica el deber de organizar todo el aparato estatal y, en general, "todas las estructuras a través de las cuales se manifiesta el ejercicio del poder público, de manera tal que sean capaces de asegurar jurídicamente el libre y pleno ejercicio de los derechos humanos"[122]. Así,

---

[117] Corte IDH, "Caso Velásquez Rodríguez vs. Honduras", párr. 169.

[118] Corte IDH, "Caso I.V. vs. Bolivia", párr. 222.

[119] QUINTANA OSUNA & SERRANO GUZMÁN, *La Convención Americana sobre Derechos Humanos. Reflexiones generales*, p. 15.

[120] Corte IDH, "Caso Velásquez Rodríguez vs. Honduras", párr. 173.

[121] Corte IDH, "Caso I.V. vs. Bolivia", párr. 207.

[122] *Idem.*

[...] el Estado está en el deber jurídico de prevenir, razonablemente, las violaciones de los derechos humanos, de investigar seriamente con los medios a su alcance las violaciones que se hayan cometido dentro del ámbito de su jurisdicción a fin de identificar a los responsables, de imponerles las sanciones pertinentes y de asegurar a la víctima una adecuada reparación[123].

De esta manera, en el Sistema Interamericano la obligación de garantía tiene un contenido complejo, debido a que ha sido desarrollada en las siguientes subcategorías de deberes: (i) prevención, (ii) investigación y sanción, y (iii) reparación. En ese orden de ideas, las decisiones de los órganos del SIDH reiteradamente han concluido, con relación a estas subcategorías, que "[c]uando estos supuestos no se cumplen, los Estados pueden ser responsables internacionalmente por la violación de los derechos consagrados en la Convención"[124]. A continuación, se detallarán cada uno de estos deberes particulares derivados de la obligación general de garantía.

A.   Deber de prevención

El Estado está en el deber jurídico de prevenir, razonablemente, las violaciones de los derechos humanos que puedan afectar a las personas sujetas bajo su jurisdicción, incluso cuando son cometidas por particulares. Es decir, el Estado es responsable de violaciones de derechos humanos cuando "deja a las personas en una circunstancia de indefensión tal que facilita la ocurrencia de violaciones en su perjuicio"[125]. Así, desde sus sentencias iniciales, la Corte Interamericana ha concluido que los Estados tienen el deber de prevenir razonablemente los ilícitos de particulares que lesionen derechos humanos[126]. Es así como "[l]a obligación de garantía se proyecta más allá de la relación entre los agentes estatales y las personas

---

[123]   *Idem.*

[124]   Quintana Osuna & Serrano Guzmán, *La Convención Americana sobre Derechos Humanos. Reflexiones generales*, p. 15.

[125]   *Idem.*

[126]   Corte IDH, "Caso Velásquez Rodríguez vs. Honduras", párrs. 172 y 175.

sometidas a su jurisdicción, abarcando asimismo el deber de prevenir, en la esfera privada, que terceros vulneren los bienes jurídicos protegidos"[127].

La doctrina también se refiere a este deber como protección diligente o doctrina del riesgo previsible y evitable, pues no se está ante una obligación ilimitada sino "que debe ser razonable y estar sujeta a criterios de debida diligencia"[128]. En ese sentido, la obligación de prevenir es de medios, no de resultado, por lo que "no se demuestra su incumplimiento por el mero hecho de que un derecho haya sido violado"[129]. Al respecto, la Corte IDH indicó que

> un Estado no puede ser responsable por cualquier violación de derechos humanos cometida entre particulares dentro de su jurisdicción. En efecto, el carácter *erga omnes* de las obligaciones convencionales de garantía a cargo de los Estados no implica una responsabilidad ilimitada de los Estados frente a cualquier acto o hecho de particulares, pues sus deberes de adoptar medidas de prevención y protección de los particulares en sus relaciones entre sí se encuentran condicionados al conocimiento de **una situación de riesgo real e inmediato** para un individuo o grupo de individuos determinado y a las posibilidades razonables de prevenir o evitar ese riesgo. Es decir, aunque un acto, omisión o hecho de un particular tenga como consecuencia jurídica la violación de determinados derechos humanos de otro particular, aquél no es automáticamente atribuible al Estado, pues debe atenderse a las circunstancias particulares del caso y a la concreción de dichas obligaciones de garantía[130] [resaltado añadido].

En ese sentido, para evaluar si un Estado cumplió con este deber de prevención, los órganos del Sistema Interamericano tienen en cuenta los siguientes criterios: (i) la existencia de un riesgo real e inmediato, (ii) el

---

[127] Corte IDH, "Caso Gonzales Lluy y otros vs. Ecuador", párr. 170.

[128] VÁZQUEZ CAMACHO, *La responsabilidad internacional de los Estados derivada de la conducta de particulares o non-state actors conforme al Sistema Interamericano de Promoción y Protección de Derechos Humanos*, p. 33.

[129] Corte IDH, "Caso Velásquez Rodríguez vs. Honduras", párr. 175.

[130] Corte IDH, "Caso de la Masacre de Pueblo Bello vs. Colombia", párr. 123. Ver también Corte IDH, "Caso Trabajadores de la Hacienda Brasil Verde vs. Brasil", párrs. 322-324.

conocimiento que el Estado tiene o debería tener sobre el riesgo, (iii) la especial situación de las personas afectadas, y (iv) las posibilidades razonables de prevención[131].

En ese orden de ideas, en el *Caso González y otras (Campo Algodonero) vs. México*, un caso referido a la desaparición y muerte de tres mujeres en Ciudad Juárez en un remarcado contexto de violencia contra la mujer, la Corte IDH aclaró que, para que se configure responsabilidad internacional por actos de terceros, no basta que se compruebe el contexto de violencia de género para atribuir cualquier hecho ilícito al Estado, aunque tales circunstancias sí exigen un deber de diligencia más estricto[132]. Así, la atribución de responsabilidad por hechos de terceros está dada porque el Estado tuvo conocimiento de que existía un riesgo real e inmediato respecto a la posibilidad de que se produjera una violación a los derechos humanos de una persona concreta bajo su jurisdicción, y no actuó con debida diligencia para prevenir esta vulneración[133].

B.   *Deber de investigación y sanción*

La obligación de garantía también se refiere al deber de investigar los hechos constitutivos de violaciones a los derechos humanos. A la luz de ese deber, "una vez que las autoridades estatales tengan conocimiento del hecho, deben iniciar *ex officio* y sin dilación, una investigación seria, imparcial y efectiva"[134]. Es de indicar que la Corte Interamericana también ha analizado este deber en el marco de los derechos de las víctimas y familiares de las víctimas a las garantías judiciales y a la protección judicial, reconocidos en los artículos 8 y 25 de la CADH, respectivamente. Con referencia a este deber, la Corte IDH ha señalado que

> [e]l deber de investigar es una obligación de medios y no de resultado, que debe ser asumida por el Estado como un deber jurídico propio y no como una simple formalidad condenada de antemano a ser

---

[131] Quintana Osuna & Serrano Guzmán, *La Convención Americana sobre Derechos Humanos. Reflexiones generales,* p. 16.

[132] Corte IDH, "Caso González y otras ('Campo Algodonero') vs. México", párr. 282.

[133] *Ibid.*, párr. 283.

[134] Corte IDH, "Caso Fernández Ortega y otros vs. México", párr. 191.

infructuosa, o como una mera gestión de intereses particulares, que dependa de la iniciativa procesal de las víctimas, de sus familiares o de la aportación privada de elementos probatorios[135].

El análisis sobre "el cumplimiento de la obligación de emprender una investigación seria, imparcial y efectiva de lo ocurrido, en el marco de las garantías del debido proceso, ha involucrado también un examen del plazo de dicha investigación y de los medios legales disponibles a los familiares de la víctima fallecida, para garantizar que sean escuchados, así como que puedan participar durante el proceso de investigación"[136]. Por el contrario, "la falta de diligencia tiene como consecuencia que conforme el tiempo vaya transcurriendo, se afecta indebidamente la posibilidad de obtener y presentar pruebas pertinentes que permitan esclarecer los hechos y determinar las responsabilidades que correspondan, con lo cual el Estado contribuye a la impunidad"[137].

Asimismo, la Corte Interamericana ha señalado que la investigación debe "estar orientada a la determinación de la verdad y a la persecución, captura, enjuiciamiento y eventual castigo de los autores de los hechos"[138], indistintamente si los hechos fueron o no cometidos por agentes estatales, en especial cuando la violación esté referida a los derechos a la vida, libertad e integridad personal[139]. Adicionalmente, a lo largo de los años, los órganos del Sistema Interamericano han desarrollado estándares específicos a esta obligación, respecto a ciertas violaciones de derechos humanos y a las necesidades de protección de las víctimas, bien por sus condiciones personales o por la situación específica en la que se encuentran[140].

---

[135] *Idem.* Ver también "Caso Acosta y otros vs. Nicaragua", párr. 132.

[136] Corte IDH, "Caso Favela Nova Brasilia vs. Brasil", párr. 179.

[137] *Ibid.*, párr. 181.

[138] Corte IDH, "Caso Acosta y otros vs. Nicaragua", párr. 132.

[139] QUINTANA OSUNA & SERRANO GUZMÁN, *La Convención Americana sobre Derechos Humanos. Reflexiones generales*, p. 16.

[140] Para ahondar en este punto, se sugiere consultar SALMÓN & BLANCO, *El derecho al debido proceso en la jurisprudencia de la Corte Interamericana de Derechos Humanos*; y CEJIL, Debida diligencia en la investigación de graves violaciones a derechos humanos.

A modo ilustrativo y en referencia a los casos de violencia contra las mujeres, la Corte Interamericana ha hecho referencia no solo a las obligaciones genéricas contenidas en la CADH, sino también a obligaciones reforzadas de prevención, investigación y sanción, de conformidad con el deber de debida diligencia. Al respecto, en el mencionado *Caso González y otras (Campo Algodonero) vs. México*, el tribunal reconoció esas obligaciones en los siguientes términos:

[los Estados] deben contar con un adecuado marco jurídico de protección, con una aplicación efectiva del mismo y con políticas de prevención y prácticas que permitan actuar de una manera eficaz ante las denuncias. La estrategia de prevención debe ser integral, es decir, debe prevenir los factores de riesgo y a la vez fortalecer las instituciones para que puedan proporcionar una respuesta efectiva a los casos de violencia contra la mujer. Asimismo, los Estados deben adoptar medidas preventivas en casos específicos en los que es evidente que determinadas mujeres y niñas pueden ser víctimas de violencia[141].

Asimismo, en el *Caso de los Miembros de la Aldea Chichupac y comunidades vecinas del Municipio de Rabinal vs. Guatemala*, la Corte Interamericana estableció el contenido de la obligación de investigar en casos de violencia sexual:

[E]n cuanto a la falta de investigación de las violaciones sexuales cometidas por agentes de seguridad del Estado en el presente caso, la Corte considera que toda vez que existan indicios de violencia sexual en el marco de un conflicto armado interno, esta no debe ser tratada como un delito colateral, sino que su investigación debe formar parte de cada etapa de la estrategia global de investigación de posibles torturas, crímenes de lesa humanidad, crímenes de guerra o actos de genocidio que pudieran haberse cometido. La investigación de violencia sexual deberá llevarse a cabo respetando las características culturales de las víctimas. Por otra parte, se deberán investigar posibles vínculos entre los responsables directos de la violencia sexual y sus superiores

---

[141]   Corte IDH, "Caso González y otras ('Campo Algodonero') vs. México", párr. 258.

jerárquicos, así como la existencia de componentes que demos-
trarían una intención discriminatoria y/o la intención cometer un
genocidio[142].

Por otra parte, en materia de sanción de los responsables de violaciones
de derechos humanos, los Estados tienen la obligación de evitar la
impunidad de tales hechos y, como consecuencia, deben dirigir la
investigación hacia la condena de todas las personas involucradas en estos
ilícitos, bien sean autores materiales, intelectuales, partícipes o
encubridores[143]. Lo anterior se sustenta en que la Corte Interamericana ha
determinado que la falta de investigación y sanción constituye un factor
que mantiene y reproduce la impunidad de lo ocurrido[144].

C. *Deber de reparación*

Como se mencionó, la obligación de reparar surge como consecuencia
necesaria de un hecho ilícito imputable al Estado que compromete su
responsabilidad internacional[145]. Frente a este punto, se destaca que en el
Sistema Interamericano las decisiones de sus dos órganos –aunque
particularmente de la Corte IDH– han marcado una visión mucho más
amplia en materia de reparaciones, en comparación con el Sistema
Universal de Protección de los Derechos Humanos y con los demás
sistemas regionales de derechos humanos[146]. Ahora bien, el artículo 63.1
de la Convención Americana dispone que:

---

[142] Corte IDH, "Caso Miembros de la Aldea Chichupac y comunidades vecinas
del Municipio de Rabinal vs. Guatemala", párr. 256. Para profundizar en el
tema, ver RIVERO, "Género en el Sistema Interamericano de Derechos
Humanos", pp. 75-94.

[143] Corte IDH, "Caso Myrna Mack Chang Vs. Guatemala", párr. 217.

[144] Corte IDH, "Caso Tenorio Roca y otros vs. Perú", párr. 166.

[145] Corte IDH, "Caso Almonacid Arellano y otros vs. Chile", párr. 134. También
ver CORREA, "Artículo 63. Reparaciones y medidas provisionales"; y
FAÚNDEZ LEDESMA, *El Sistema Interamericano de Protección de los
Derechos Humanos. Aspectos institucionales y procesales,* pp. 799 y ss.

[146] Sobre este tema, ver BERISTAIN, *Diálogos sobre la reparación. Qué reparar
en los casos de violaciones de derechos humanos.*

[c]uando decida que hubo violación de un derecho o libertad protegidos en esta Convención, la Corte dispondrá que se garantice al lesionado en el goce de su derecho o libertad conculcados. Dispondrá, asimismo, si ello fuera procedente, que se reparen las consecuencias de la medida o situación que ha configurado la vulneración de esos derechos y el pago de una justa indemnización a la parte lesionada.

A fin de que se configure esta obligación de reparar, la Corte Interamericana ha señalado en su jurisprudencia tres condiciones: (i) la violación de un derecho protegido en la Convención Americana[147]; (ii) la imputación del hecho ilícito (acción u omisión) al Estado[148]; y (iii) la existencia de un daño[149].

En efecto, "toda violación de una obligación internacional que haya producido un daño comporta el deber de repararlo adecuadamente"[150]. Esto "requiere la restitución plena *(restitutio in integrum)*, la cual consiste en restablecer la situación anterior a la violación de una obligación internacional, y reparar las consecuencias producidas, así como el pago de una indemnización como compensación de los daños ocasionados"[151]. Sin embargo, desde una perspectiva más amplia, "la reparación no trata de volver a una situación inicial, anterior a las violaciones, cuando la realidad de las víctimas estaba caracterizada por discriminación y exclusión social o política"[152].

Así, debe indicarse que el tipo de reparación depende de la violación y del daño sufrido, teniendo en cuenta que las reparaciones "no pueden significar el enriquecimiento o empobrecimiento de la víctima o de sus familiares. No obstante, nada impide a un Estado otorgar más reparaciones

---

[147] Corte IDH, "Caso de la Masacre de Mapiripán vs. Colombia", párrs. 107-110.

[148] Corte IDH, "Caso Paniagua Morales ('Panel Blanca') y otros vs. Guatemala", párr. 90.

[149] Corte IDH, "Caso Genie Lacayo vs. Nicaragua", párr. 95. Ver también NASH ROJAS, *Las reparaciones ante la Corte Interamericana de Derechos Humanos,* p. 18.

[150] Corte IDH, "Caso Zegarra Marín vs. Perú", párr. 190; "Caso Baena Ricardo y otros vs. Panamá", párr. 201.

[151] Corte IDH, "Caso Baena Ricardo y otros vs. Panamá", párr. 202.

[152] BERISTAIN, *Diálogos sobre la reparación.* Qué reparar en los casos de violaciones de derechos humanos, p. 174.

a las víctimas en el ámbito interno si así lo desea, aun cuando un tribunal internacional ya se las haya otorgado"[153].

La Corte IDH ha señalado que la reparación integral significa que "la naturaleza y monto de la reparación ordenada dependen del daño ocasionado en los planos tanto material como inmaterial" y que las medidas de reparación "deben guardar relación directa con las violaciones declaradas"[154] y con "los hechos del caso [...] los daños acreditados, así como con las medidas solicitadas para reparar los daños respectivos"[155]. Además, la reparación integral supone medidas de restitución, indemnización, rehabilitación, satisfacción y garantías de no repetición, según cada caso.

a. *Restitución*

La restitución se refiere a devolver a la víctima a la situación que existía antes de la violación de derechos, siempre que sea posible[156]. Aunque puede ser imposible restablecer la misma de manera completa, ciertos elementos pueden ser restablecidos por la adopción de varias medidas. Entre los ejemplos posibles, podemos mencionar los siguientes: restablecimiento de la libertad de personas detenidas ilegalmente[157], devolución de bienes confiscados ilegalmente[158], regreso al lugar de

---

[153] QUINTANA OSUNA, *¿Superposición de las reparaciones otorgadas por Comisiones de la Verdad y Tribunales Regionales de Derechos Humanos? Una aproximación a la realidad interamericana*, p. 17.

[154] Corte IDH, "Caso González y otras ("Campo Algodonero") vs. México", párr. 450.

[155] Corte IDH, "Caso De la Masacre de las Dos Erres vs. Guatemala", párr. 227. La Corte también ha establecido que no ordena reparaciones con un carácter sancionatorio. Además, ha señalado que "la reparación no puede implicar ni un enriquecimiento ni un empobrecimiento para la víctima o sus sucesores" (Corte IDH, "Caso Garrido y Baigorria vs. Argentina", párr. 43).

[156] Corte IDH, "Caso Trujillo Oroza vs. Bolivia", párr. 61.

[157] Corte IDH, "Caso Norín Catrimán y otros ('Dirigentes, miembros y activista del Pueblo Indígena Mapuche') vs. Chile", párr. 422.

[158] Corte IDH, "Caso Granier y otros ('Radio Caracas Televisión') vs. Venezuela", párr. 380.

residencia del cual la víctima fue desplazada[159], reintegro al empleo[160], dejar sin efecto sentencias condenatorias y anulación de antecedentes penales[161], nuevo enjuiciamiento y abstención de ejecución[162], devolución, demarcación y titulación del territorio tradicional de comunidades indígenas[163], e implementación de un programa habitacional[164].

b. *Indemnización*

La indemnización es la compensación pecuniaria por daños materiales e inmateriales. Su propósito es remediar los daños materiales (daño emergente y lucro cesante), físicos y morales que sufrieron las víctimas[165]. En cuanto al daño patrimonial, busca "compensar las consecuencias patrimoniales de las violaciones declaradas"[166]. Dado que se trata de una suma de dinero compensatoria, "debe ser otorgada en la extensión y en la medida suficientes para resarcir los daños materiales y morales sufridos"[167]. Dentro del Sistema Interamericano, para la cuantificación de daños se han utilizado criterios de razonabilidad, proporcionalidad y equidad[168].

---

[159] Corte IDH, "Caso Defensor de Derechos Humanos y otro vs. Guatemala", párr. 256.

[160] Corte IDH, "Caso Baena Ricardo y otros vs. Panamá", párr. 203.

[161] Corte IDH, "Caso Palamara Iribarne vs. Chile", párr. 253.

[162] Corte IDH, "Caso Fermín Ramírez vs. Guatemala", párr. 130.

[163] Corte IDH, "Caso de la Comunidad Moiwana vs. Surinam", párr. 209.

[164] Corte IDH, "Caso de personas dominicanas y haitianas expulsadas vs. República Dominicana", párr. 459

[165] Sobre este tema, ver MONGE, "La Corte Interamericana de Derechos Humanos y el impacto de su jurisprudencia en materias de reparaciones", pp. 132-150; y ROJAS BÁEZ, "La jurisprudencia de la Corte Interamericana de Derechos Humanos en materia de reparaciones y los criterios del Proyecto de artículos sobre responsabilidad del Estado por hechos internacionalmente ilícitos", pp. 91-126.

[166] Corte IDH, "Caso de las Masacres de Ituango vs. Colombia", párr. 370.

[167] Corte IDH, "Caso Garrido y Baigorria Vs. Argentina", párr. 47.

[168] Cfr. Corte IDH, "Caso Artavia Murillo y otros ('Fecundación in vitro') vs. Costa Rica", párr. 352.

a'.   *Daño emergente y lucro cesante*

Según Nash Rojas, "el daño emergente es equivalente a los gastos directos e inmediatos que ha debido cubrir la víctima o sus representantes con ocasión del ilícito. Básicamente representa todos aquellos gastos que, en forma razonable y demostrable, hayan incurrido las víctimas con el objeto de reparar el ilícito, o bien, anular sus efectos"[169]. Por su parte, el concepto de lucro cesante se refiere a la pérdida de ingresos económicos futuros, la cual es posible cuantificar a partir de ciertos indicadores mensurables y objetivos, como los salarios dejados de percibir y la expectativa de vida[170].

b'.   *Daño inmaterial*

La Corte IDH ha desarrollado en su jurisprudencia el concepto de daño inmaterial, y ha establecido que "este puede comprender tanto los sufrimientos y las aflicciones causados a la víctima directa y a sus allegados, como el menoscabo de valores muy significativos para las personas, así como las alteraciones, de carácter no pecuniario, en las condiciones de existencia de la víctima o su familia"[171].

Asimismo, el tribunal ha sostenido que el daño inmaterial resulta evidente, pues es propio de la naturaleza humana que toda persona que padece una violación a sus derechos humanos experimente un sufrimiento. Así, la Corte IDH ha fijado indemnizaciones por concepto de daño inmaterial tomando en consideración las aflicciones y sufrimientos que las violaciones convencionales causaron a la víctima y las consecuencias de orden no pecuniario que aquella sufrió[172].

---

[169]   NASH ROJAS, *Las reparaciones ante la Corte Interamericana de Derechos Humanos*, p. 43.

[170]   Corte IDH. "Caso Loayza Tamayo Vs. Perú. Reparaciones", párr. 147; "Caso Aloeboetoe y otros vs. Surinam", párr. 88.

[171]   Corte IDH, "Caso Colindres Schonenberg Vs. El Salvador", párr. 145.

[172]   Corte IDH, "Caso López Lone y Otros vs. Honduras", párr. 325; "Caso Maldonado Ordóñez, vs. Guatemala", párr. 150; "Caso Trabajadores Cesados de Petroperú y Otros vs. Perú", párr. 228; "Caso San Miguel Sosa y Otras vs. Venezuela", párr. 240; y "Caso del Tribunal Constitucional vs. Ecuador", párr. 305.

c. Rehabilitación

La rehabilitación supone medidas para atender las necesidades de salud de la víctima, así como los servicios legales y sociales que pueda requerir[173]. Usualmente se refiere a que el Estado provea la atención que necesita la víctima a raíz de la violación de derechos humanos sufrida en el caso específico[174].

d. Medidas de satisfacción

Las medidas de satisfacción son actos de reconocimiento y medidas simbólicas. Estas se encuentran dirigidas a reparar el daño inmaterial, entendido como los sufrimientos y las aflicciones causados por la violación de derechos humanos, así como cualquier alteración –de carácter no pecuniario– en las condiciones de existencia de las víctimas. Estas medidas pretenden "el reconocimiento de la dignidad de las víctimas o transmitir un mensaje de reprobación oficial de las violaciones de derecho humanos de que se trata"[175]. Además, pretenden el reconocimiento de lo sucedido y la recuperación de la memoria de las víctimas. Las siguientes medidas pueden ser consideradas como medidas de satisfacción: (i) actos públicos de reconocimiento de responsabilidad[176], ii) publicación y difusión de la sentencia de la Corte Interamericana[177], (iii) medidas en conmemoración de las víctimas y los hechos[178], y (iv) determinación del paradero de las víctimas[179], entre otras.

e. Garantías de no repetición

Por último, las garantías de no repetición son aquellas destinadas a evitar que se repitan las violaciones. Como ejemplos de estas medidas se

---

[173] Corte IDH, "Caso Kawas Fernández vs, Honduras", párr. 209.

[174] Corte IDH, "Caso Fernández Ortega y otros vs. México", párr. 251.

[175] Corte IDH, "Caso De la Cruz Flores vs. Perú", párr. 164.

[176] Corte IDH, "Caso 19 Comerciantes vs. Colombia", párr. 274.

[177] Corte IDH, "Caso Cantoral Benavides Vs. Perú", párr. 79; "Caso Molina Theissen Vs. Guatemala", párr. 86.

[178] Corte IDH, "Caso Huilca Tecse vs. Perú", párrs. 113-115.

[179] Corte IDH, "Caso Bámaca Velásquez vs. Guatemala", párr. 79.

encuentran: (i) reformas legislativas[180], (ii) adopción de políticas públicas[181], (iii) capacitación de funcionarios[182], y (iv) mecanismos para facilitar el cumplimiento a nivel nacional de las decisiones de los órganos del Sistema Interamericano[183].

En suma, una vez cometido un hecho ilícito que menoscabe uno de los derechos protegidos, el Estado debe restablecer el derecho infringido a través de los recursos internos que dispone. Si no lo hace, se abre la posibilidad de la utilización de los mecanismos de protección internacional.

3.   *Prohibición de discriminación y principio de igualdad*

En el marco de las obligaciones que asumen los Estados, la Convención Americana inserta un elemento inherente a la dignidad humana y a la universalidad de los derechos humanos: el principio según el cual nadie puede ser objeto de discriminaciones en el goce y ejercicio de los derechos humanos. El compromiso de los Estados implica el deber de garantizar el libre y pleno ejercicio de los derechos consagrados en la Convención, "sin discriminación alguna por motivos de raza, color, sexo, idioma, religión, opiniones políticas o de cualquier otra índole, origen nacional o social, posición económica, nacimiento o cualquier otra condición social".

Por su parte, el artículo 24 de la Convención prescribe la igualdad de todas las personas frente a la ley. De ahí que la obligación que acarrea para los Estados sea respetar y garantizar el principio de igualdad y no discriminación en toda la legislación[184]. Con todo, debe señalarse que la discriminación puede operar de manera legal (*de jure*) o de hecho (*de facto*), por objeto o resultado (de manera directa o indirecta), "o a través de

---

[180]   Corte IDH, "Caso Olmedo Bustos y otros ('La Última Tentación de Cristo') vs. Chile", párrs. 97 y 98.

[181]   Corte IDH, "Caso 19 Víctimas de Tortura Sexual en Atenco vs. México", párr. 356.

[182]   Corte IDH, "Caso de la Masacre de Mapiripán vs. Colombia", párrs. 316 y 317.

[183]   Corte IDH, "Caso Alvarado Espinoza y otros vs. México", párr. 325.

[184]   Corte IDH, "Caso Yatama vs. Nicaragua", párr. 186.

la omisión de adoptar medidas temporales diferenciadas para responder o evitar perpetuar situaciones de discriminación estructural"[185].

Ahora bien, la diferencia entre lo dispuesto en el artículo 1.1 y el artículo 24 consiste en que, en tanto que el artículo 1.1 establece la prohibición de discriminación en el goce de los derechos reconocidos en la CADH, de manera que es una cláusula subordinada a esta, el artículo 24 extiende la prohibición de discriminación y el principio de igualdad a las normas internas de cada Estado, es decir, es una cláusula autónoma[186]. Por lo tanto, la Corte IDH, al valorar un posible trato discriminatorio, lo analiza a la luz del artículo 1.1 si se refiere a un derecho contenido en la CADH, y a la luz del artículo 24 si se refiere a un derecho ajeno a la Convención[187]. Sobre ambas disposiciones, la Corte ha señalado que

> [l]a noción de igualdad se desprende directamente de la unidad de naturaleza del género humano y es inseparable de la dignidad esencial de la persona, frente a la cual es incompatible toda situación que, por considerar superior a un determinado grupo, conduzca a tratarlo con privilegio; o que, a la inversa, por considerarlo inferior, lo trate con hostilidad o de cualquier forma lo discrimine del goce de derechos que sí se reconocen a quienes no se consideran incursos en tal situación. En la actual etapa de la evolución del derecho internacional, el principio fundamental de igualdad y no discriminación ha ingresado en el dominio del *jus cogens*. Sobre él descansa el andamiaje jurídico del orden público nacional e internacional y permea todo el ordenamiento jurídico[188].

---

[185] QUINTANA OSUNA & SERRANO GUZMÁN, *La Convención Americana sobre Derechos Humanos. Reflexiones generales*, p. 19.

[186] PÉREZ, *La igualdad y no discriminación en el Derecho Interamericano de los Derechos Humanos*, pp. 24; Corte IDH, Opinión Consultiva No. 4/84, párrs. 53-54.

[187] PÉREZ, *La igualdad y no discriminación en el Derecho Interamericano de los Derechos Humanos*, p. 27.

[188] Corte IDH, "Caso Espinoza Gonzáles vs. Perú", párr. 216.

En esta línea, la Corte Interamericana ha establecido que en vista del principio *ius cogens*[189] de igualdad ante la ley y no discriminación, los Estados deben "abstenerse de producir regulaciones discriminatorias o que tengan efectos discriminatorios" y, además, "deben combatir las prácticas discriminatorias en todos sus niveles, en especial en los órganos públicos. También "deben adoptar las medidas afirmativas necesarias para asegurar una efectiva igualdad ante la ley de todas las personas"[190]. Así, independiente de la intención detrás de la norma o práctica, un acto estatal puede resultar discriminatorio si tiene un impacto desproporcionado respecto de un determinado grupo o una categoría protegida[191].

No obstante, debe señalarse que la Convención Americana no prohíbe todas las distinciones de trato. De tal modo, debe diferenciarse "entre 'distinciones' y 'discriminaciones', de forma que las primeras constituyen diferencias de trato compatibles con la Convención Americana por ser razonables y objetivas, mientras que las segundas constituyen diferencias arbitrarias que redundan en detrimento de los derechos humanos"[192]:

> Sobre el particular, la CIDH ha destacado que las distinciones basadas en factores mencionados explícitamente en los instrumentos internacionales sobre derechos humanos, como la Convención Americana, y categorías estatutarias como el sexo y la raza, están sujetas a un grado de "escrutinio especialmente estricto", en virtud del cual los Estados deben avanzar un fin particularmente importante y razones de mucho peso para justificar la distinción[193].

---

[189] Una norma de ius cogens "es una norma aceptada y reconocida por la comunidad internacional de Estados en su conjunto como norma que no admite acuerdo en contrario y que sólo puede ser modificada por una norma ulterior de derecho internacional general que tenga el mismo carácter". Convención de Viena sobre el Derecho de los Tratados, 23/05/1969, art. 53.

[190] Corte IDH, "Caso de las Niñas Yean y Bosico vs. República Dominicana", párr. 141.

[191] Corte IDH, "Caso Artavia Murillo y otros ('Fecundación in vitro') vs. Costa Rica", párrs. 285-302.

[192] *Ibid*, párr. 285.

[193] CIDH, Compendio sobre Igualdad y no discriminación. Estándares Interamericanos, párr. 36.

En todo caso, debe resaltarse que la lista de criterios prohibidos para distinguir que contiene el artículo 1.1. es de carácter enunciativo y, en tal sentido, el artículo establece, tras mencionar algunas categorías, "cualquier otra condición social"[194]. En función de ello, aunque la Convención Americana no consagre expresamente la prohibición de discriminación por orientación sexual, en el *Caso Atala Riffo e hijas vs. Chile* la Corte IDH determinó que –a partir de una interpretación evolutiva según las reglas generales de interpretación establecidas en el artículo 29 de la CADH– la expresión "cualquier otra condición social" incluye la orientación sexual y la identidad de género de las personas[195].

Respecto a la discriminación estructural y a la obligación de los Estados para adoptar medidas específicas, la Corte Interamericana ha señalado que

[t]oda persona que se encuentre en una situación de vulnerabilidad es titular de una protección especial, en razón de los deberes especiales cuyo cumplimiento por parte del Estado es necesario para satisfacer las obligaciones generales de respeto y garantía de los derechos humanos. El Tribunal recuerda que no basta con que los Estados se abstengan de violar los derechos, sino que es imperativa la adopción de medidas positivas, determinables en función de las particulares necesidades de protección del sujeto de derecho, ya sea por su condición personal o por la situación específica en que se encuentre, como la extrema pobreza o marginación.

La Corte estima que el Estado incurre en responsabilidad internacional en aquellos casos en que, habiendo discriminación estructural, no adopta medidas específicas respecto a la situación particular de victimización en que se concreta la vulnerabilidad sobre un círculo de personas individualizadas[196].

Por último, en cuanto a la discriminación interseccional, es decir, aquella discriminación que surge como resultado de la convergencia de

---

[194] QUINTANA OSUNA & SERRANO GUZMÁN, *La Convención Americana sobre Derechos Humanos. Reflexiones generales*, p. 19.

[195] Corte IDH, "Caso Atala Riffo y niñas vs. Chile", párr. 91.

[196] Corte IDH, "Caso Trabajadores de la Hacienda Brasil Verde vs. Brasil", párrs. 337-338.

múltiples factores de vulnerabilidad y riesgo, la Corte IDH, en el *Caso Gonzales Lluy vs. Ecuador,* resaltó que

> [...] en el caso de Talía confluyeron en forma interseccional múltiples factores de vulnerabilidad y riesgo de discriminación asociados a su condición de niña, mujer, persona en situación de pobreza y persona con VIH. La discriminación que vivió Talía no sólo fue ocasionada por múltiples factores, sino que derivó en una forma específica de discriminación que resultó de la intersección de dichos factores, es decir, si alguno de dichos factores no hubiese existido, la discriminación habría tenido una naturaleza diferente[197].

4. *Obligación de adoptar disposiciones de derecho interno*

Según la Corte Interamericana, el deber general consagrado en el artículo 2 de la Convención Americana implica la adopción de medidas dirigidas, por un lado, a suprimir las normas y las prácticas de cualquier naturaleza que entrañen violaciones a las garantías previstas en la Convención y, por el otro, a crear nuevas normas y desarrollar prácticas conducentes a la efectiva observancia de dichas garantías. Además, tales medidas internas han de ser efectivas (principio de *effet utile*)[198]. En este sentido

> [l]os Estados no sólo tienen la obligación positiva de adoptar las medidas necesarias para garantizar el ejercicio de los derechos en ella establecidos, sino que también deben evitar promulgar aquellas normas que impidan el libre ejercicio de estos derechos, y evitar que se supriman o modifiquen las normas que los protegen[199].

Si bien esta obligación no aclara cómo los Estados deben adecuar su derecho interno, en la medida en que esta tarea corresponde a ellos según sus circunstancias particulares[200], los órganos del Sistema Interamericano les han ordenado "una serie de modificaciones legislativas con un importante impacto que trasciende a las víctimas de un caso concreto y que

---

197 Corte IDH, "Caso Gonzales Lluy y otros vs. Ecuador", párr. 290.
198 Corte IDH, "Caso Heliodoro Portugal vs. Panamá", párr. 179.
199 Corte IDH, "Caso Andrade Salmón vs. Bolivia", párr. 186.
200 Corte IDH, "Caso La Cantuta vs. Perú", párr. 172.

contribuye a evitar la repetición de violaciones de derechos humanos"[201].
Así, por ejemplo, la Corte Interamericana se ha pronunciado en cuanto a[202]

1) La incompatibilidad de determinadas leyes de amnistía con la
   Convención Americana por obstaculizar la investigación de
   graves violaciones a los derechos humanos[203];

2) La inexistencia de normativa interna para la regulación de un
   procedimiento adecuado en el ámbito nacional que resuelva los
   reclamos de tierras colectivas de pueblos indígenas[204];

3) La falta de adopción de medidas necesarias para prevenir
   adecuadamente la violencia contra las mujeres[205].

Vale aclarar que esta obligación no solo prohíbe la expedición y
aplicación de normas contrarias a la Convención, sino que también cobija
la forma en que los funcionarios estatales interpretan las normas que, en
principio, no contravienen la CADH[206]. De esta manera, la responsabilidad
internacional del Estado puede configurarse por interpretar una disposición
interna de una forma que vulnera los derechos reconocidos en la CADH[207],
aunque la disposición en sí misma no sea incompatible.

---

[201] QUINTANA OSUNA & SERRANO GUZMÁN, *La Convención Americana sobre
Derechos Humanos. Reflexiones generales*, p. 20.

[202] Corte IDH & Ministerio Público Fiscal de la Ciudad Autónoma de Buenos
Aires, *Diálogos. El impacto del Sistema Interamericano en el ordenamiento
interno de los Estados*.

[203] Corte IDH, "Caso Almonacid Arellano y otros vs. Chile"; "Caso La Cantuta
vs. Perú"; "Caso Barrios Altos vs. Perú".

[204] Corte IDH, "Caso Comunidad Indígena Sawhoyamaxa vs. Paraguay"; "Caso
Comunidad Yakye Axa vs. Paraguay"; "Caso de la Comunidad Mayagna
(Sumo) Awas Tingni vs. Nicaragua".

[205] Corte IDH, "Caso Veliz Franco y otros vs. Guatemala"; "Caso González y
otras ('Campo Algodonero') vs. México".

[206] Corte IDH & Ministerio Público Fiscal de la Ciudad Autónoma de Buenos
Aires, *Diálogos. El impacto del Sistema Interamericano en el ordenamiento
interno de los Estados*, p. 33.

[207] *Idem.*

En adición, este artículo de la Convención Americana es el fundamento del denominado *control de convencionalidad*[208]. Este consiste en que todas autoridades de los Estados parte de la CADH –incluidos los jueces y órganos vinculados a la administración de justicia– no solo deben realizar un control de legalidad y de constitucionalidad en los asuntos de su competencia, sino que además deben velar por el cumplimiento de las disposiciones de la CADH[209], teniendo en cuenta la interpretación que de aquella ha realizado la Corte Interamericana[210].

En conclusión, la obligación contenida en el artículo 2 de la Convención Americana busca que los derechos reconocidos en dicho instrumento no se vuelvan nugatorios a nivel interno por la falta de adopción, aplicación o interpretación de medidas, usualmente legislativas, o por la existencia de medidas que contradigan lo dispuesto en la CADH. Por lo anterior, cuando los órganos del SIDH han encontrado violaciones a esta obligación, han dispuesto la derogación, modificación o creación de normas[211].

5.   *Particularidades sobre las obligaciones en materia de derechos económicos, sociales, culturales y ambientales*

Si bien los derechos económicos, sociales, culturales y ambientales (en adelante, "DESCA") "deben ser entendidos integralmente como derechos humanos, sin jerarquía entre sí y exigibles en todos los casos ante aquellas autoridades que resulten competentes para ello"[212], su desarrollo en la jurisprudencia interamericana –en especial, en materia de derechos ambientales– es reciente y ha sido más limitado que los derechos civiles y políticos. Por lo anterior, aunque las obligaciones generales sean en

---

[208]   Sobre este tema, ver Ayala, "Breves reflexiones sobre el litigio ante la Corte IDH y los avances en su jurisprudencia", pp. 580-582.

[209]   QUINCHE RAMÍREZ, "El control de convencionalidad y el sistema colombiano", p. 167.

[210]   Corte IDH, "Caso Radilla Pacheco vs. México", párr. 339.

[211]   Ver Corte IDH, "Caso Palamara Iribarne vs. Chile", puntos resolutivos 13 y 14; "Caso Usón Ramírez vs. Venezuela", punto resolutivo 9; y "Caso Gelman vs. Uruguay", punto resolutivo 11.

[212]   Corte IDH, "Caso Gonzales Lluy y otros vs. Ecuador", párr. 172.

principio aplicables a los DESCA[213], la Corte IDH también ha ido señalando cómo deben los Estados garantizar estos derechos, dada su naturaleza particular.

La Convención Americana se refiere a los DESCA de manera genérica en su artículo 26, estableciendo una obligación de desarrollo progresivo:

> Los Estados partes se comprometen a adoptar acciones, tanto a nivel interno como mediante la cooperación internacional, especialmente económica y técnica, para lograr progresivamente la plena efectividad de los derechos que se derivan de las normas económicas, sociales y sobre educación, ciencia y cultura, contenidas en la Carta de la OEA, reformada por el Protocolo de Buenos Aires, en la medida de los recursos disponibles, por vía legislativa u otros medios apropiados[214].

Como se observa, el artículo 26 de la Convención hace una mención a los derechos contenidos en la Carta de la OEA. Sin embargo, derivar derechos de la Carta de la OEA supone realizar un ejercicio interpretativo, toda vez que no se trata de un tratado de derechos humanos[215]. Por su parte, tanto la Declaración Americana[216] como la Convención *Belém do Pará* consagran de manera explícita un conjunto de DESCA[217].

Por su parte, el Protocolo Adicional a la Convención Americana sobre Derechos Humanos en materia de Derechos Económicos, Sociales y Culturales (en adelante, "Protocolo de San Salvador") contiene disposiciones que buscan contribuir al desarrollo progresivo de un régimen que proteja a los DESCA y, en definitiva, no solo salvaguardar "la dignidad

---

[213] PARRA VERA, *Justiciabilidad de los derechos económicos, sociales y culturales ante el Sistema Interamericano*, p. 24; Corte IDH, "Caso Lagos del Campo vs. Perú", párr. 154.

[214] Convención Americana sobre Derechos Humanos, 22/11/1969, art. 26.

[215] CERVANTES ALCAYDE, "Avances de la Corte IDH para la garantía de los derechos económicos, sociales y culturales", 12.

[216] Declaración Americana de los Derechos y Deberes del Hombre, 30/04/1948. Tales derechos están plasmados en los artículos VII, XI, XII, XIII, XIV, XV y XVI.

[217] Convención de Belém do Pará, 09/06/1994. Al respecto, los artículos 4, 5 y 6 establecen una serie de DESCA.

humana, sino también, y en igual medida, la democracia y los derechos de los pueblos del continente"[218]. Asimismo, el artículo 19.6 del Protocolo de San Salvador establece una cláusula de justiciabilidad mediante el sistema de peticiones individuales del SIDH, exclusivamente para las violaciones al derecho a la organización de sindicatos y el derecho a la educación:

> En el caso de que los derechos establecidos en el párrafo a) del artículo 8 y en el artículo 13 fuesen violados por una acción imputable directamente a un Estado parte del presente Protocolo, tal situación podría dar lugar, mediante la participación de la Comisión Interamericana de Derechos Humanos, y cuando proceda de la Corte Interamericana de Derechos Humanos, a la aplicación del sistema de peticiones individuales regulado por los artículos 44 a 51 y 61 a 69 de la Convención Americana sobre Derechos Humanos.

Así, por ejemplo, la Comisión Interamericana ha indicado que el artículo 19.6 del Protocolo de San Salvador consagra una cláusula limitada de competencia para los órganos del SIDH, respecto a las peticiones individuales que versen sobre los derechos consagrados en sus artículos 8.1.a y 13[219]. De manera que estos carecen de competencia en razón de la materia para pronunciarse sobre la violación de otros derechos allí contemplados.

Ahora bien, en los años ochenta, la Comisión Interamericana comenzó a delinear las primeras obligaciones de los Estados respecto a los DESCA. En relación con este punto, cabe resaltar el Informe Anual de 1980, en el cual la Comisión planteó que

> [e]l elemento esencial de la obligación jurídica asumida por todo gobierno en esta materia es procurar la realización de las aspiraciones sociales y económicas de su pueblo siguiendo un orden que dé prioridad a las necesidades básicas de salud, nutrición y educación.

---

[218]   Corte IDH, Opinión Consultiva No. 22/16, párr. 98.

[219]   CIDH, "Miguel Ángel Larios Ugalde. Costa Rica", párr. 12.

La prioridad de 'los derechos de supervivencia' y 'las necesidades básicas' es una consecuencia natural del derecho a la seguridad personal[220].

A partir de entonces, en el Sistema Interamericano, la línea argumentativa para la protección de los DESCA ha sido abordada desde cuatro ámbitos: (i) establecer la responsabilidad estatal por violación a disposiciones del Protocolo de San Salvador[221]; (ii) dictar medidas de reparación integral[222]; (iii) interpretar indirectamente los DESCA, es decir, mediante su vinculación con los derechos civiles y políticos, bajo una lógica de interdependencia y conexidad de los derechos[223]; y, más recientemente, (iv) declarar la violación directa del artículo 26 de la Convención Americana[224].

---

[220] CIDH, Informe Anual 1979-1980, capítulo VI. En cuanto a los antecedentes jurisprudenciales de la Corte Interamericana sobre este tema, ver VENTURA ROBLES, "Jurisprudencia de la Corte Interamericana de Derechos Humanos en materia de derechos económicos, sociales y culturales", pp. 87-131; y ROBLES, "El derecho a la salud en la jurisprudencia de la Corte Interamericana de Derechos Humanos (2004-2014)", pp. 196-246.

[221] Corte IDH, "Caso Gonzales Lluy y otros vs. Ecuador".

[222] Corte IDH, "Caso Aloeboetoe y otros vs. Surinam"; "Caso Baena Ricardo y otros vs. Panamá"; "Caso de la Comunidad Mayagna (Sumo) Awas Tingni vs. Nicaragua"; y "Caso I.V. vs. Bolivia".

[223] Han existido diversas posturas por parte de los jueces –y exjueces– de la Corte Interamericana sobre la justiciabilidad directa o no del derecho a la salud a través del artículo 26 de la Convención Americana. Al respecto, ver (i) voto concurrente del juez Eduardo Ferrer Mac-Gregor Poisot en la sentencia "Chinchilla Sandoval vs. Guatemala"; (ii) voto razonado del juez Roberto F. Caldas en la sentencia "Chinchilla Sandoval vs. Guatemala"; (iii) voto concurrente del juez Juan Humberto Sierra Porto en la sentencia "Gonzales Lluy vs. Ecuador"; (iv) voto concurrente del juez Eduardo Ferrer Mac-Gregor en la sentencia Peralta vs. Ecuador; y (v) voto concurrente de la jueza Margarette May Macaulay en la sentencia "Furlan y familiares vs. Argentina".

[224] Corte IDH, "Caso Trabajadores Cesados de Petroperú y otros vs. Perú"; "Caso San Miguel Sosa y otras vs. Venezuela"; "Caso Poblete Vilches y otros vs. Chile"; "Caso Cuscul Pivaral y otros vs. Guatemala"; "Caso Muelle Flores vs. Perú"; "Caso Lagos del Campo vs. Perú"; y "Caso Comunidades

En relación a este último punto, la Corte Interamericana ha relacionado las obligaciones de los Estados emanadas de los artículos 4 (derecho a la vida) y 5 (integridad personal) de la Convención Americana, y del artículo I de la Declaración Americana (derecho a la vida, a la libertad, a la seguridad e integridad de la persona), con el derecho a vivir en condiciones dignas[225]. En esta interrelación se han fundado los derechos a la salud, a la vivienda y a la alimentación[226].

Para ello, la Corte ha interpretado las disposiciones legales de otros sistemas de derechos humanos –corpus iuris del derecho internacional de los derechos humanos– para establecer el contenido y alcance de los derechos convencionales en cuestión[227]. Al respecto, en el *Caso Villagrán Morales vs. Guatemala*, la Corte Interamericana examinó el derecho a la vida en sentido amplio y concluyó que este derecho no sólo abarca la obligación estatal de abstenerse de privar a una persona de la vida, sino también una determinada obligación diferente que podría tener ciertos rasgos prestacionales. En particular, la Corte hizo referencia al derecho a un nivel de vida adecuado:

Indígenas Miembros de la Asociación Lhaka Honhat (Nuestra Tierra) vs. Argentina".

[225] BELOFF & CLÉRICO, "Derecho a condiciones de existencia digna y situación de vulnerabilidad en la jurisprudencia de la Corte Interamericana", pp. 139-178.

[226] Ver Corte IDH, "Caso 'Instituto de Reeducación del Menor' vs. Paraguay", párrs. 158-160; "Caso Comunidad Indígena Yakye Axa vs. Paraguay", párrs. 162 a 176; "Caso Pacheco Teruel y otros vs. Honduras", párrs. 63-69; "Caso Vélez Loor vs. Panamá", párr. 216; "Caso I.V. vs. Bolivia", párr. 155; y "Caso Chinchilla Sandoval y otros vs. Guatemala", párr. 170.

[227] "El *corpus iuris* del Derecho Internacional de los Derechos Humanos está formado por un conjunto de instrumentos internacionales de contenido y efectos jurídicos variados (tratados, convenios, resoluciones y declaraciones). Su evolución dinámica ha ejercido un impacto positivo en el Derecho Internacional, en el sentido de afirmar y desarrollar la aptitud de este último para regular las relaciones entre los Estados y los seres humanos bajo sus respectivas jurisdicciones. Por lo tanto, esta Corte debe adoptar un criterio adecuado para considerar la cuestión sujeta a examen en el marco de la evolución de los derechos fundamentales de la persona humana en el derecho internacional contemporáneo" (Corte IDH, Opinión Consultiva No. 16/99, párr. 115). Al respecto, ver también Corte IDH, "Caso Muelle Flores vs. Perú", párr. 175.

El derecho a la vida es un derecho humano fundamental, cuyo goce es un prerrequisito para el disfrute de todos los demás derechos humanos. De no ser respetado, todos los derechos carecen de sentido. En razón del carácter fundamental del derecho a la vida, no son admisibles enfoques restrictivos del mismo. En esencia, el derecho fundamental a la vida comprende, no sólo el derecho de todo ser humano de no ser privado de la vida arbitrariamente, **sino también el derecho a que no se le impida el acceso a las condiciones que le garanticen una existencia digna. Los Estados tienen la obligación de garantizar la creación de las condiciones que se requieran para que no se produzcan violaciones de ese derecho básico** y, en particular, el deber de impedir que sus agentes atenten contra él[228] [resaltado añadido].

Posteriormente, en el *Caso Acevedo Buendía vs. Perú*, si bien la Corte IDH no declaró la violación al artículo 26 de la CADH, afirmó que la obligación de no regresividad en materia de DESCA es justiciable[229]. Los casos relacionados con DESCA posteriores continuaron abordándose por conexidad a los derechos civiles y políticos, y no de forma directa.

Sin embargo, la Corte IDH realizó un giro en su jurisprudencia en 2017, a raíz del *Caso Lagos del Campo vs. Perú*, en el que confirmó su competencia para declarar una violación directa de los DESCA. En este caso, ante el despido injustificado de un dirigente sindical, la Corte Interamericana encontró que se había vulnerado el derecho a la estabilidad laboral del señor Lagos del Campo y, como consecuencia, declaró la responsabilidad internacional de Perú por la violación del artículo 26 de la Convención Americana[230]. Esta aproximación a la justiciabilidad directa

---

[228] Corte IDH, "Caso Villagrán Morales y otros vs. Guatemala", párr. 132. En el mismo sentido ver: Corte IDH, "Caso Guzmán Albarracín y otras vs. Ecuador", párr. 155.

[229] Corte IDH, "Caso Acevedo Buendía y otros ('Cesantes y Jubilados de la Contraloría') vs. Perú", párr. 103.

[230] Corte IDH, "Caso Lagos del Campo vs. Perú", párr. 166.

de los DESCA, basada en los distintos métodos de interpretación de los tratados, ha sido reiterada desde entonces por la Corte IDH[231].

Tres años después del *Caso Lagos del Campo vs. Perú*, la Corte IDH declaró vulnerado por primera vez el derecho a un medio ambiente sano, en el *Caso Comunidades indígenas miembros de la Asociación Lhaka Honhat (Nuestra Tierra) vs. Argentina*[232], aunque ya se hubiera referido a la justiciabilidad de este derecho en su Opinión Consultiva No. 23[233]. En este caso, con referencia a las obligaciones estatales en materia de derechos ambientales, la Corte IDH determinó que

[d]ebe hacerse notar que rige respecto al derecho al ambiente sano no solo la obligación de respeto, sino también la obligación de garantía prevista en el artículo 1.1 de la Convención, una de cuyas formas de observancia consiste en prevenir violaciones. Este deber se proyecta a la "esfera privada", a fin de evitar que "terceros vulneren los bienes jurídicos protegidos", y "abarca todas aquellas medidas de carácter jurídico, político, administrativo y cultural que promuevan la salvaguarda de los derechos humanos y que aseguren que las eventuales violaciones a los mismos sean efectivamente consideradas y tratadas como un hecho ilícito[234].

Sin embargo, la sentencia referida ha sido objeto de cuestionamientos por posibles dificultades argumentativas[235], lo cual fue resaltado en los votos parcialmente disidentes de los jueces Sierra Porto y Vio Grossi. Para comenzar, el juez Sierra Porto apuntó que, aunque la sentencia procura derivar el reconocimiento del Estado de los derechos ambientales de los

---

[231] Ver: Corte IDH, "Caso Trabajadores Cesados de Petroperú y otros vs. Perú", párr. 192-193; "Caso San Miguel Sosa y otras vs. Venezuela", párrs. 220-220; "Caso Poblete Vilches y otros vs. Chile", párr. 100; y "Caso Muelle Flores vs. Perú", párr. 175.

[232] Corte IDH, "Caso Comunidades Indígenas Miembros de la Asociación Lhaka Honhat (Nuestra Tierra) vs. Argentina".

[233] Corte IDH, Opinión Consultiva No. 23/17, párr. 57.

[234] Corte IDH, "Caso Comunidades Indígenas Miembros de la Asociación Lhaka Honhat (Nuestra Tierra) vs. Argentina", párr. 207.

[235] Ver CERQUEIRA, *El derecho a un medio ambiente sano en el marco normativo y jurisprudencia del Sistema Interamericano de Derechos Humanos*, p. 27.

artículos 11 y 12 del Protocolo de San Salvador, se omite mencionar que el Protocolo también excluye expresamente del procedimiento de peticiones individuales a todos los derechos en él reconocidos, salvo los consagrados en sus artículos 8.1.a y 13[236].

En adición, el juez Vio Grossi señaló que se recurre a normas nacionales y al *soft-law* para sustentar la existencia de los derechos a la identidad cultural, al ambiente sano, a la alimentación adecuada y al agua; es decir, crea derechos por vía interpretativa y sin una correlación con la Carta de la OEA o algún otro instrumento internacional relevante[237]. Así, concluyó que lo anterior podría resultar en el debilitamiento de la seguridad jurídica de las sentencias de la Corte IDH y en el desincentivo en el cumplimiento de sus decisiones y la aceptación de su competencia jurisdiccional[238].

Recapitulando, las obligaciones estatales de respeto, garantía, no discriminación y principio de igualdad, descritas en el apartado anterior, tienen un contenido específico con respecto a la protección de los DESCA. De ahí que se deriven una serie de conductas estatales específicas respecto a estos derechos: (i) la adopción de medidas inmediatas, (ii) la garantía de niveles esenciales de los derechos, y (iii) la progresividad y prohibición de regresividad.

A.   *Obligación de adoptar medidas inmediatas*

La obligación de adoptar medidas inmediatas corresponde a lo indicado en los artículos 1.1 y 2 de la Convención Americana. Por un lado, el deber de respetar los DESCA implica abstenerse de realizar conductas que desconozcan u obstaculicen el acceso a su goce efectivo. Por el otro, el deber de garantizar refiere a adoptar las medidas necesarias para que se ejerzan en condiciones de igualdad y sin discriminación. Tal como lo ha expresado la CIDH,

---

[236]   Corte IDH, "Caso Comunidades Indígenas Miembros de la Asociación Lhaka Honhat (Nuestra Tierra) vs. Argentina", voto parcialmente disidente del juez Humberto Sierra Porto.

[237]   *Ibid.*, voto parcialmente disidente del juez Eduardo Vio Grossi.

[238]   *Idem.*

[e]llo requiere que los Estados reconozcan y garanticen los derechos del Protocolo de igual modo para toda la población, utilizando criterios de distinción objetivos y razonables, y evitando diferencias de trato arbitrarias. En especial diferencias de trato basados en factores expresamente vedados como la raza, la religión o el origen social. Pero requiere también que los Estados reconozcan que existen sectores que se encuentran en desventaja en el ejercicio de los derechos sociales y adopten políticas y acciones positivas para garantizar sus derechos[239].

La Corte Interamericana, en su Opinión Consultiva No. 22/16, se refirió a la obligación general que tienen los Estados de garantizar los derechos sindicales consagrados en el Protocolo de San Salvador (artículo 8.1.a):

[Esto] se traduce en las obligaciones positivas de permitir e incentivar la generación de las condiciones aptas para que tales derechos se puedan llevar a cabo efectivamente. En este sentido, la Corte acude al Convenio 87 de la OIT con el fin de mencionar ejemplos que ilustren las obligaciones positivas que surgen de la obligación general de garantizar los derechos reconocidos a los sindicatos, las federaciones y las confederaciones. En este sentido, la Corte nota que el artículo 3.1 del Convenio establece el derecho de las organizaciones de trabajadores a redactar sus estatutos y reglamentos administrativos, el de elegir a sus representantes, el de organizar su administración y sus actividades y el de formular su programa de acción.

En consonancia con lo anterior, la obligación general de los Estados de respetar los derechos implica las obligaciones negativas de abstener de crear barreras tales como legales o políticas tendientes a impedir a los sindicatos, las federaciones y las confederaciones la posibilidad de gozar de un libre funcionamiento y adicionalmente a los sindicatos la posibilidad de asociarse[240].

---

[239] CIDH, Compendio sobre Igualdad y no discriminación. Estándares Inter americanos, párr. 48.

[240] Corte IDH, Opinión Consultiva No. 22/16, párrs. 101-102.

Lo anterior implica que las obligaciones en materia de DESCA no son exclusivamente progresivas, sino que existen obligaciones de exigibilidad inmediata a las que se comprometen los Estados parte de la Convención Americana y que no pueden excusar su cumplimiento por la falta de recursos económicos. Aunque no existe una lista taxativa de cuáles son estas medidas, a modo de ejemplo se pueden mencionar las siguientes: (i) adecuación del marco legal correspondiente, es decir, eliminar normas manifiestamente contrarias a estos derechos o que sean discriminatorias; (ii) reunión de información sobre el estado de estos derechos a nivel interno; (iii) formulación de un plan para su implementación progresiva; y (iv) provisión de recursos efectivos[241].

B.   *Garantizar niveles esenciales de los derechos*

En igual sentido, la Corte Interamericana se ha referido a ciertas obligaciones básicas de naturaleza prestacional que deben observar los Estados de forma inmediata y no progresiva, teniendo en cuenta su interrelación con el derecho a la vida en condiciones dignas y el derecho a la integridad personal. Así, en cuanto al derecho a la salud, la Corte IDH ha sostenido que

> [e]l acceso a medicamentos forma parte indispensable del derecho al disfrute del más alto nivel posible de salud. Al respecto, la Corte ha retomado el criterio sobre que el acceso a la medicación en el contexto de pandemias como las de VIH, tuberculosis y paludismo es uno de los elementos fundamentales para alcanzar gradualmente el ejercicio pleno del derecho de toda persona al disfrute del más alto nivel posible de salud física y mental. En el mismo sentido, el Tribunal ha considerado que los Estados deben adoptar medidas dirigidas a regular el acceso a los bienes, servicios e información relacionados con el VIH, de modo que haya suficientes prestaciones y servicios de prevención y atención de los casos de VIH[242].

---

[241]   ABRAMOVICH & COURTIS, "Hacia la exigibilidad de los derechos económicos, sociales y culturales. Estándares internacionales y criterios de aplicación ante los tribunales locales", pp. 34-38.

[242]   Corte IDH, "Cuscul Pivaral y otros vs. Guatemala", párr. 108.

En la misma línea, la Corte estableció en el *Caso de las Comunidades Afrodescendientes Desplazadas de la Cuenca del Río Cacarica (Operación Génesis) vs. Colombia*, la responsabilidad del Estado por "no haber desarrollado las acciones positivas suficientes a su favor en un contexto de mayor vulnerabilidad, en particular mientras [los niños y niñas] estuvieron alejados de sus territorios ancestrales, período en que se vieron afectados por la falta de acceso a educación y a salud, el hacinamiento y la falta de alimentación adecuada"[243]. Adicionalmente, en el *Caso I.V. vs. Bolivia*, la Corte Interamericana concluyó que

[a] los efectos de dar cumplimiento a la obligación de garantizar el derecho a la integridad personal en el ámbito de la atención en salud, los Estados deben establecer un marco normativo adecuado que regule la prestación de servicios de salud, estableciendo estándares de calidad para las instituciones públicas y privadas, que permita prevenir cualquier amenaza de vulneración a la integridad personal en dichas prestaciones. Asimismo, el Estado debe prever mecanismos de supervisión y fiscalización estatal de las instituciones de salud, así como procedimientos de tutela administrativa y judicial para el damnificado, cuya efectividad dependerá, en definitiva, de la puesta en práctica que la administración competente realice al respecto.

La salud, como parte integrante del derecho a la integridad personal, no sólo abarca el acceso a servicios de atención en salud en que las personas gocen de oportunidades iguales para disfrutar del más alto nivel posible de salud, sino también la libertad de cada individuo de controlar su salud y su cuerpo y el derecho a no padecer injerencias, tales como no ser sometido a torturas ni a tratamientos y experimentos médicos no consentidos[244].

En el mismo sentido, con referencia a los derechos ambientales, la Corte Interamericana, en su Opinión Consultiva No. 23, resolvió que

[c]on el propósito de respetar y garantizar los derechos a la vida e integridad de las personas bajo su jurisdicción, los Estados tienen la obligación de prevenir daños ambientales significativos, dentro o fuera

---

[243] Corte IDH, "Caso de las comunidades afrodescendientes desplazadas de la Cuenca del Río Cacarica ('Operación Génesis') vs. Colombia", párr. 330.

[244] Corte IDH, "Caso I.V. vs. Bolivia", párrs. 154-155.

de su territorio, para lo cual deben regular, supervisar y fiscalizar las actividades bajo su jurisdicción que puedan producir un daño significativo al medio ambiente; realizar estudios de impacto ambiental cuando exista riesgo de daño significativo al medio ambiente; establecer un plan de contingencia, a efecto de tener medidas de seguridad y procedimientos para minimizar la posibilidad de grandes accidentes ambientales, y mitigar el daño ambiental significativo que hubiere producido[245].

En síntesis, con respecto a los DESCA, los Estados tienen la obligación inmediata de garantizar, por lo menos, los niveles esenciales de disfrute de estos derechos. De lo contrario, se vuelve imposible garantizar el derecho a la vida en condiciones dignas y la integridad personal. No obstante, debe indicarse que el contenido y alcance de estos *niveles esenciales* no ha sido plenamente esclarecido por los órganos del SIDH, sino que se determina caso por caso.

a. *Principio de progresividad y prohibición de regresividad*

El principio de progresividad se refiere a que los Estados deben tomar medidas concretas y orientadas para hacer efectivos los DESCA. Por su parte, la prohibición de regresividad se refiere a que "le está vedado al Estado adoptar políticas, medidas, y sancionar normas jurídicas, que sin una justificación adecuada, empeoren la situación de los [DESCA] de los que gozaba la población al momento de adoptado el Protocolo o bien con posterioridad a cada avance progresivo"[246].

En este sentido, el Estado podría ver su responsabilidad internacional comprometida bajo el artículo 26 de la Convención Americana, ya sea por la revocación o suspensión formal de la legislación necesaria para el continuo disfrute de los DESCA (prohibición de regresividad de resultado), o bien por la promulgación de legislación o adopción de políticas que sean manifiestamente incompatibles con las preexistentes obligaciones legales

---

[245] Corte IDH, Opinión Consultiva No. 23/17, párr. 5 (parte dispositiva).

[246] CIDH, *Lineamientos para la Elaboración de Indicadores de Progreso en Materia de Derechos Económicos, Sociales y Culturales*, párr. 6.

nacionales o internacionales relativas a los DESCA (prohibición de regresividad normativa). En efecto,

[d]ado que el Estado se obliga a mejorar la situación de estos derechos, simultáneamente asume la prohibición de reducir los niveles de protección de los derechos vigentes, o, en su caso, de derogar los derechos ya existentes, sin una justificación suficiente. De esta forma, una primera instancia de evaluación de la progresividad en la implementación de los derechos sociales, consiste en comparar la extensión de la titularidad y del contenido de los derechos y de sus garantías concedidas a través de nuevas medidas normativas con la situación de reconocimiento, extensión y alcance previos. Tal como fue señalado, la precarización y empeoramiento de esos factores, sin debida justificación por parte del Estado, supondrá una regresión no autorizada por el Protocolo. La obligación de no regresividad se constituye, entonces, en uno de los parámetros de juicio de las medidas adoptadas por el Estado[247].

En cuanto a la obligación de desarrollo progresivo de los DESCA, la Corte Interamericana, con cita al Comité de Derechos Económicos, Sociales y Culturales de las Naciones Unidas, indicó que

[n]o podrá lograrse en un breve período de tiempo y que, en esa medida, 'requiere un dispositivo de flexibilidad necesaria que refleje las realidades del mundo [...] y las dificultades que implica para cada país el asegurar [dicha] efectividad'. En el marco de dicha flexibilidad en cuanto a plazo y modalidades, el Estado tendrá esencialmente, aunque no exclusivamente, una obligación de hacer, es decir, de adoptar providencias y brindar los medios y elementos necesarios para responder a las exigencias de efectividad de los derechos involucrados, siempre en la medida de los recursos económicos y financieros de que disponga para el cumplimiento del respectivo compromiso internacional adquirido. Así, la implementación progresiva de dichas medidas podrá ser objeto de rendición de cuentas y, de ser el caso, el cumplimiento

---

[247] *Idem.*

del respectivo compromiso adquirido por el Estado podrá ser exigido ante las instancias llamadas a resolver eventuales violaciones a los derechos humanos[248].

Al respecto, existen mayores dificultades para evaluar el cumplimiento de la obligación de desarrollo progresivo que la prohibición de regresividad. Por lo tanto, la justiciabilidad de esta obligación se relaciona con la existencia o no de una política pública, con la presencia de acciones concretas y no solo simbólicas de existir tal política pública, y con la participación y rendición de cuentas[249].

Para concluir, el principio de progresividad y la prohibición de regresividad están intrínsecamente relacionados y aspiran a la consecución eventual de los DESCA en la región, teniendo en cuenta las limitaciones financieras de los Estados. Si bien esta obligación en los inicios de la jurisprudencia de la Corte IDH sobre estos derechos era la única obligación justiciable[250], se ha visto que en la actualidad los DESCA suponen obligaciones adicionales que también pueden ser exigidas.

6. *Consideraciones sobre el valor jurídico y las obligaciones específicas de los Estados parte de la OEA que se derivan de la Declaración Americana*

La Declaración Americana fue aprobada en marzo de 1948 en la IX Conferencia Internacional Americana, la misma en que se adoptó la Carta de la OEA. En ella se proclama que los derechos humanos "no nacen del hecho de ser nacionales de un determinado Estado, sino que tienen por fundamento los atributos de la persona humana" y que "la protección internacional de los derechos del hombre debe ser guía principalísima del Derecho americano en evolución".

Dado su propósito inequívoco de otorgar un cierto margen de protección internacional a los derechos humanos, este instrumento se convirtió en la principal fuente internacional de obligaciones para los

---

[248] Corte IDH, "Caso Acevedo Buendía y otros ('Cesantes y Jubilados de la Contraloría') vs. Perú", párr. 102.

[249] PARRA VERA, "Notas sobre acceso a la justicia y derechos sociales en el Sistema Interamericano de Derechos Humanos", p. 134.

[250] Corte IDH, "Caso Acevedo Buendía y otros ('Cesantes y Jubilados de la Contraloría') vs. Perú", párr. 102.

Estados parte de la OEA que no forman parte de la Convención Americana, ya sea porque jamás prestaron su consentimiento en obligarse, o bien porque decidieron denunciar dicho tratado[251]. A pesar de que originalmente nació como una declaración política sin valor jurídico vinculante, el estatus jurídico de la Declaración Americana ha ido evolucionando hasta devenir en un instrumento jurídico obligatorio para todos los Estados parte de la OEA.

Al respecto, Pedro Nikken explicó que el carácter vinculante de este instrumento internacional puede visualizarse desde dos perspectivas: (a) su incorporación a la Carta de la OEA mediante el Protocolo de Buenos Aires de 1967, y (b) su consagración como costumbre internacional[252]. Por su parte, Thomas Buergenthal hizo énfasis en el papel desempeñado por la Carta de la OEA como causa principal del valor normativo de la Declaración Americana, indicando que, al transformar el estatus jurídico de la Comisión y su Estatuto, cambia y refuerza el carácter normativo de la Declaración Americana[253].

A su turno, la Corte Interamericana tuvo la oportunidad de expedirse sobre los efectos jurídicos y las obligaciones en materia de derechos humanos que se derivan de la Declaración Americana, tanto en su Opinión Consultiva No. 10/89 como en su Opinión Consultiva No. 26/20. Al interpretar su contenido jurídico, la Corte IDH concluyó que

> [n]o es a la luz de lo que en 1948 se estimó que era el valor y la significación de la Declaración Americana como la cuestión del **status** jurídico debe ser analizada, sino que es preciso determinarlo en el momento actual, ante lo que es hoy el sistema interamericano, habida consideración de la evolución experimentada desde la adopción de la Declaración[254].

---

[251] CIDH, "Marlin Gray. Estados Unidos de América", párr. 42.

[252] NIKKEN, *La protección internacional de los derechos humanos: su desarrollo progresivo*, pp. 284-308.

[253] BUERGENTHAL, "The Revised OAS Charter and the Protection of Human Rights", p. 835.

[254] Corte IDH, Opinión Consultiva No. 26/20, párr. 95; Opinión Consultiva No. 10/89, párr. 37.

De igual modo, el carácter normativo de la Declaración Americana también ha sido reconocido en múltiples resoluciones de la Asamblea General de la OEA. Así, por ejemplo, la Resolución 314/77 encomendó a la Comisión Interamericana la tarea de desarrollar un estudio en donde se "consigne la obligación de cumplir los compromisos adquiridos en la Declaración Americana de los Derechos y Deberes del Hombre". A su vez, la Resolución 370/78 hizo alusión a los compromisos internacionales de respetar los derechos humanos reconocidos en la Declaración Americana. Y la Resolución 371/78 reafirmó el compromiso de los Estados miembro de la OEA de promover el cumplimiento de la Declaración Americana[255].

En particular, la vinculatoriedad de este instrumento también se vislumbra en el supuesto en que un Estado decida denunciar la Convención Americana. Frente a esta situación jurídica, la Corte Interamericana ha entendido que subsiste un umbral mínimo de protección de derechos humanos que el Estado denunciante está obligado a respetar y garantizar, cuyo anclaje normativo se encuentra precisamente en la Declaración Americana:

> Un Estado que ha denunciado la Convención Americana continúa sujeto a las obligaciones y deberes impuestos en torno a la observancia de los derechos humanos indicados en la Carta de la OEA y la Declaración Americana. Asimismo, la Corte concluye que la posibilidad de denuncia establecida en el artículo 78 de la Convención no puede excluir o limitar la competencia de la Comisión Interamericana, como órgano encargado de promover la observancia y la defensa de los derechos humanos, para analizar y tramitar peticiones individuales relativas a Estados que no son parte de la Convención Americana[256].

En estos casos, el cumplimiento de las obligaciones derivadas de la Declaración Americana queda bajo la supervisión de la Comisión Interamericana mediante la aplicación indirecta de lo dispuesto en los

---

[255] Corte IDH, Opinión Consultiva No. 10/89, párr. 42. Ver Asamblea General de la OEA, AG/RES 314 (VII-0/77); AG/RES 370 (VIII-0/78); y AG/RES 371 (VIII-0/78).

[256] Corte IDH, Opinión Consultiva No. 26/20, párr. 98.

artículos 106[257] y 145[258] de la Carta de la OEA. De este modo, la Declaración Americana opera como el último eslabón para la protección de los derechos humanos de las personas sometidas a la jurisdicción de los Estados americanos que no integran el sistema regional de protección creado sobre la base de la Convención Americana.

En adición, la obligatoriedad normativa de la Declaración Americana también se manifiesta como costumbre internacional. Al respecto, existen aún discusiones en torno al alcance de esta costumbre entre quienes entienden, por un lado, que la Declaración Americana habría adquirido calidad de norma consuetudinaria como instrumento internacional en sí mismo[259] y, por el otro, quienes consideran que solo algunas de sus disposiciones habrían adquirido ese carácter. Esta última línea interpretativa parece haber sido la escogida por la Corte Interamericana en su Opinión Consultiva OC-26/20:

La Corte advierte que **ciertas disposiciones de la Declaración Americana representan normas consuetudinarias o principios generales de derecho internacional y, en tal sentido, constituyen autónomamente fuentes del derecho internacional**. [...] En vista de ello, la Corte reafirma el carácter normativo y vinculante que la Declaración Americana tiene para los Estados Miembros de la OEA, constituyendo, en la actualidad, una norma central del *corpus iuris*

---

[257] Carta de la OEA, 30/04/48, art. 106: "Habrá una Comisión Interamericana de Derechos Humanos que tendrá, como función principal, la de promover la observancia y la defensa de los derechos humanos y de servir como órgano consultivo de la Organización en esta materia. Una convención interamericana sobre derechos humanos determinará la estructura, competencia y procedimiento de dicha Comisión, así como los de los otros órganos encargados de esa materia".

[258] *Ibid.*, art. 145: "Mientras no entre en vigor la convención interamericana sobre derechos humanos a que se refiere el capítulo XV, la actual Comisión Interamericana de Derechos Humanos velará por la observancia de tales derechos".

[259] SALVIOLI, "El aporte de la Declaración Americana de 1948 para la Protección Internacional de los Derechos Humanos", p. 693.

interamericano que refleja el estándar mínimo de protección de derechos humanos en el continente americano[260].

Al reconocer el carácter autónomo de algunas disposiciones de la Declaración Americana como normas de derecho internacional consuetudinario, la Corte Interamericana dejó sentado que las obligaciones emergentes de esta Declaración resultan vinculantes para los Estados miembro de la OEA, con independencia de si han ratificado la Convención Americana. De este modo, se puede inferir que la mera ratificación de la Carta de la OEA crea –como mínimo– la obligación estatal de dar cumplimiento a los deberes generales de respeto y garantía de los derechos humanos, así como de todas las disposiciones que han venido a ser consideradas normas consuetudinarias –e incluso normas de *ius cogens*–; entre ellas: (a) el principio de igualdad y prohibición de discriminación; (b) la prohibición de tortura; (c) la prohibición de tratos crueles, inhumanos o degradantes; (d) la prohibición de la esclavitud; (e) la prohibición de graves violaciones de derechos humanos, tales como desapariciones forzadas y ejecuciones extrajudiciales; (f) la prohibición de crímenes de lesa humanidad, y (g) la obligación de prevenir, investigar, sancionar y reparar estos crímenes[261].

De más está señalar que esta enumeración no debe ser entendida de forma taxativa ni interpretarse de manera que restrinja el carácter vinculante de otras disposiciones específicas de la Declaración Americana. En este sentido, existe consenso doctrinario en que los artículos I (vida e integridad personal), II (igualdad ante la ley), III (libertad de religión y culto), IV (libertad de expresión y opinión), XVIII (acceso a la justicia), XXV (libertad personal) y XXVI (debido proceso) de dicho instrumento se arraigan en una práctica generalmente reconocida como derecho vinculante; en especial, en el marco del sistema de protección regional[262].

En suma, a la luz de la evolución del derecho internacional de los derechos humanos y –en particular– del desarrollo progresivo en la aplicación e interpretación de la Declaración Americana, este instrumento

---

[260] Corte IDH, Opinión Consultiva No. 26/20, párr. 96.

[261] *Ibid.*, párrs. 106-107.

[262] NIKKEN, "La Declaración Universal y la Declaración Americana. La formación del moderno derecho internacional de los derechos humanos", p. 99.

ha dejado de representar una mera manifestación solemne de la voluntad estatal y se ha convertido en una fuente autónoma de derecho internacional con fuerza vinculante para los Estados miembro de la OEA.

III. EL CARÁCTER SUBSIDIARIO Y COMPLEMENTARIO DE LA PROTECCIÓN INTERNACIONAL DE LOS DERECHOS HUMANOS EN EL SISTEMA DE PETICIONES Y CASOS

Los mecanismos internacionales de protección de derechos humanos tienen un papel subsidiario y complementario respecto al ordenamiento jurídico interno de los Estados[263]. En efecto, aunque se reconoce que ambos mecanismos juegan un papel fundamental en la protección de los derechos humanos, cada uno tiene competencias diferentes. Por consiguiente, la justicia internacional sólo interviene cuando el Estado "ha fallado en el cumplimiento de sus obligaciones internacionales"[264]. En la práctica, esto se traduce en un límite al ejercicio de la jurisdicción internacional. Por lo tanto, para acudir a dicha instancia, se debe agotar primero la vía interna destinada a subsanar a nivel doméstico una violación de derechos humanos, salvo que se configure alguna de las excepciones planteadas en el artículo 46 de la Convención Americana[265]:

1. Para que una petición o comunicación presentada conforme a los artículos 44 o 45 sea admitida por la Comisión, se requerirá:

a) que se hayan interpuesto y agotado los recursos de jurisdicción interna, conforme a los principios del Derecho Internacional generalmente reconocidos;

---

[263] En este punto, conviene precisar que el principio de subsidiariedad no es aplicable en casos de gravedad, urgencia y riesgo de daño irreparable para los derechos humanos. Bajo tal escenario, es posible solicitar medidas cautelares a la CIDH sin necesidad de agotar la vía interna. Sin embargo, dado el alcance del presente manual, no se ahondará en el procedimiento de medidas cautelares.

[264] DEL TORO HUERTA, "El principio de subsidiariedad en el Derecho Internacional de los Derechos Humanos con especial referencia al Sistema Interamericano", p. 24.

[265] PELAYO MÖLLER, *Introducción al Sistema Interamericano de Derechos Humanos*, pp. 31-32.

[...]

2. Las disposiciones de los incisos 1.a. y 1.b. del presente artículo no se aplicarán cuando:

a) no exista en la legislación interna del Estado de que se trata el debido proceso legal para la protección del derecho o derechos que se alega han sido violados;

b) no se haya permitido al presunto lesionado en sus derechos el acceso a los recursos de la jurisdicción interna, o haya sido impedido de agotarlos, y

c) haya retardo injustificado en la decisión sobre los mencionados recursos.

De lo anterior se desprende que existe una estrecha relación entre el principio de subsidiariedad y la regla del agotamiento de los recursos internos, así como una actuación prioritaria de las instancias nacionales frente a las internacionales. Ello se debe a que los sistemas internacionales de protección de derechos humanos no tienen naturaleza excluyente, sino que se complementan con los mecanismos internos. De este modo, los Estados son los principales garantes de los derechos humanos y, por esa razón, debe dárseles la oportunidad de resolver y reparar los actos violatorios de derechos, previo a declarar su responsabilidad ante instancias internacionales[266].

Sin embargo, en materia del fondo de los casos contenciosos, la Corte IDH, por lo general, ha sido renuente a utilizar este principio para excluir de responsabilidad internacional a los Estados, salvo en alegadas violaciones del artículo 2 de la Convención[267].

---

[266] Corte IDH, "Caso Tarazona Arrieta y otros vs. Perú", párr. 137; "Caso Duque vs. Colombia", párr. 128.

[267] VARGAS VERA, "La aplicación del Principio de Subsidiariedad en la jurisprudencia de la Corte Interamericana de Derechos Humanos: avances y retos", pp. 99-109. A la luz de este principio, la Corte IDH desestimó la alegada violación al artículo 2 de la CADH en, entre otros, el "Caso Duque vs. Colombia".

En este sentido, el *Caso Tarazona Arrieta vs. Perú* constituyó un giro en la aplicación de la Corte IDH de este principio[268].

En este caso, la petición ante el SIDH se inició luego de que se archivara una investigación por homicidio en aplicación de leyes de amnistía a militares. No obstante, entre el trámite de la petición y la sentencia de la Corte IDH, se declararon sin efecto las leyes de amnistía en Perú, por lo que se reabrió el caso a nivel interno. De esta manera, hubo una sentencia condenatoria y reparación a las víctimas en el propio país. Ante este escenario, la Corte IDH determinó que "en aplicación del principio de complementariedad, no resulta necesario en este caso analizar las alegadas violaciones de los derechos a la vida y a la integridad personal"[269]. Así y todo, corresponde aclarar que este estándar no ha sido retomado con continuidad y constancia por los órganos del SIDH.

En conclusión, el principio de subsidiariedad y complementariedad de la protección internacional de los derechos humanos se basa en la aspiración de que los Estados sean los principales encargados de solventar las violaciones de derechos humanos que ocurren dentro de su jurisdicción. Como expresión de este principio en materia de admisibilidad, las personas deben agotar los recursos internos antes de acceder al SIDH, salvo que se configure alguna de las excepciones dispuestas en la Convención.

---

[268] LENGUA PARRA, "La relación subsidiaria y complementaria entre los sistemas nacionales de protección de derechos humanos y el Sistema Interamericano", pp. 159-160.

[269] Corte IDH, "Caso Tarazona Arrieta y otros vs. Perú", párr. 140. En sentido similar: Corte IDH, "Caso Andrade Salmón vs. Bolivia", párrs. 92-102.

PARTE III

PREPARACIÓN Y PRESENTACIÓN DE PETICIONES INDIVIDUALES ANTE LA CIDH

La presentación de una petición ante la CIDH permite que las personas denuncien al Estado correspondiente por las violaciones a los derechos humanos que hayan sufrido, con el fin de que se determine la responsabilidad internacional y se dicten medidas de reparación integral. En el presente apartado, se abordarán los aspectos sustanciales y formales de una petición. A su vez, se introducirán los elementos centrales del procedimiento ante la CIDH.

I. ASPECTOS SUSTANCIALES DE UNA PETICIÓN

La presentación de una petición a la CIDH debe partir de algunos elementos centrales. El primero es analizar si una persona o grupo de personas ha sufrido una violación a sus derechos humanos reconocidos en ciertos instrumentos interamericanos –en particular, la Convención Americana– y si esta violación es atribuible a un Estado miembro de la OEA. El segundo elemento consiste en verificar que se haya intentado, infructuosamente, resolver la situación a través de los recursos internos en los tribunales locales, o que –por algún motivo excepcional– no se aplique esa regla en el caso específico. Asimismo, se debe comprobar que la petición sea presentada a la CIDH dentro de un plazo no mayor a seis meses desde la decisión que agotó la vía recursiva interna o, en algunos supuestos, dentro de un plazo razonable. La fuente normativa de estos elementos se encuentra en los artículos 46 y 47 de la Convención Americana, así como en el artículo 28 del Reglamento de la CIDH actualmente vigente[270].

A continuación, se describirán cada uno de los requisitos a la luz de los estándares establecidos en el análisis de los casos individuales por parte de la Comisión Interamericana. Tales requisitos se dividen en dos categorías: la primera está referida a la competencia de la CIDH (personal, material, temporal y territorial), mientras que la segunda concierne a la admisibilidad, en la que –además de los requisitos formales de la petición– se evalúa el agotamiento de los recursos internos, el plazo de presentación de la petición y que la materia no esté pendiente de resolución en el curso de otro procedimiento internacional[271].

---

[270] CIDH, Reglamento de la CIDH, art. 28: "Las peticiones dirigidas a la Comisión deberán contener la siguiente información: 1. El nombre de la persona o personas denunciantes o, en el caso de que el peticionario sea una entidad no gubernamental, su representante o representantes legales y el Estado miembro en el que esté legalmente reconocida; 2. Si el peticionario desea que su identidad sea mantenida en reserva frente al Estado, y las razones respectivas; 3. La dirección de correo electrónico para recibir correspondencia de la Comisión y, en su caso, número de teléfono, facsímil y dirección postal; 4. Una relación del hecho o situación denunciada, con especificación del lugar y fecha de las violaciones alegadas; 5. De ser posible, el nombre de la víctima, así como de cualquier autoridad pública que haya tomado conocimiento del hecho o situación denunciada; 6. La indicación del Estado que el peticionario considera responsable, por acción o por omisión, de la violación de alguno de los derechos humanos consagrados en la Convención Americana sobre Derechos Humanos y otros instrumentos aplicables, aunque no se haga una referencia específica al/os artículo(s) presuntamente violado(s); 7. El cumplimiento con el plazo previsto en el artículo 32 del presente Reglamento; 8. Las gestiones emprendidas para agotar los recursos de la jurisdicción interna o la imposibilidad de hacerlo conforme al artículo 31 del presente Reglamento; y 9. La indicación de si la denuncia ha sido sometida a otro procedimiento de arreglo internacional conforme al artículo 33 del presente Reglamento".

[271] MEDINA QUIROGA & NASH ROJAS, *Sistema Interamericano de Derechos Humanos: Introducción a sus Mecanismos de Protección*, p. 54. El artículo 24 del Reglamento de la Comisión establece la posibilidad de tramitar la petición *motu propio* cuando esta cumpla con los requisitos para tal fin. Sin embargo, no es una práctica común de la CIDH.

1. *Violación de derechos humanos por acción u omisión del Estado*

El artículo 47 de la Convención Americana –en sus incisos b) y c)– exige que la petición exponga hechos que caractericen una violación a los derechos establecidos en dicho instrumento y que no sea manifiestamente infundada ni resulte evidente su total improcedencia. Es decir, "[l]a única exigencia impuesta por el artículo 47 [...] es que la presunta víctima o peticionario efectúe una narración de hechos que puedan caracterizar una violación a la Convención"[272].

Por su parte, el artículo 28.6 del Reglamento de la Comisión Interamericana establece que la parte peticionaria debe indicar en la petición "[l]a indicación del Estado que el peticionario considera responsable, por acción o por omisión, de la violación de alguno de los derechos humanos consagrados en la Convención Americana sobre Derechos Humanos y otros instrumentos aplicables, aunque no se haga una referencia específica al/os artículo(s) presuntamente violado(s)".

Ahora bien, como se ha explicado en la Parte 1, la responsabilidad internacional del Estado se configura por el incumplimiento de sus obligaciones internacionales. Para ello, debe existir una acción u omisión atribuible al Estado que constituya una violación de sus obligaciones internacionales[273].

Como fue mencionado anteriormente, tal conclusión es independiente de que el órgano o agente estatal –o un tercero, en ciertos casos– haya actuado en contravención a disposiciones del derecho interno o desbordado los límites de su propia competencia. Asimismo, subsiste con independencia de los cambios de gobierno.

Teniendo en cuenta lo anterior, en relación a los hechos violatorios y sus antecedentes, se sugiere que en la petición a la CIDH se realice una narración clara, precisa, en orden cronológico y que refiera a la documentación que respalde a las afirmaciones presentadas. Es fundamental que se describa con el mayor detalle posible cuáles son los actos realizados por los agentes estatales que se denuncian.

---

[272] QUINTANA OSUNA & SERRANO GUZMÁN, *La Convención Americana sobre Derechos Humanos. Reflexiones generales,* p. 36.

[273] Asamblea General de las Naciones Unidas, A/RES/56/83, art. 2.

En el supuesto de omisión, "se debe demostrar es la inacción del Estado para combatir los hechos ocurridos"[274].

Así, la petición debe responder a las preguntas "qué", "cómo", "cuándo", "dónde", "quién" y "por qué", detallando exhaustivamente la situación denunciada. Aunque de modo más breve, también es importante explicar el contexto legal, social, político, económico y cultural en el que han ocurrido los hechos.

En relación a lo anterior, el contexto tiene un rol fundamental, ya que permite determinar las circunstancias en las cuales se desarrollaron los hechos específicos del caso. Por lo tanto, se deben proveer elementos contextuales que ayuden a apreciar el alcance y las consecuencias de la situación denunciada, así como para establecer si se está frente a hechos aislados o ante un patrón generalizado de violaciones a los derechos humanos.

En ese orden de ideas, la Comisión ha establecido que "es pertinente apreciar el contexto y los antecedentes del caso particular, y su impacto en la determinación de la verdad de lo sucedido, dentro del marco de su competencia"[275]. De igual modo, para la Corte Interamericana la utilización del contexto ha permitido el análisis de "los hechos alegados, al menos mediante dos categorías, por un lado, la determinación de los hechos del caso cuando no hay prueba directa sobre éstos, por otro lado, el incumplimiento del Estado de su deber de prevenir y/o proteger"[276].

Por ejemplo, en el *Caso Víctor Manuel Isaza Uribe y Familia vs. Colombia,* la CIDH hizo una valoración del contexto de persecución a sindicalistas en el marco del conflicto armado colombiano, identificando normas y prácticas institucionales que permitieron la determinación de los sindicalistas como grupo social dentro de la noción de enemigo interno y sobre el riesgo para personas relacionadas con el partido de la Unión

---

[274] MONGE NÚÑEZ & RODRÍGUEZ RESCIA, *Acceso a la Justicia de Grupos en Situación de Vulnerabilidad. Manual General de Litigio en el Sistema Interamericano con enfoque diferenciado. Niñez y Adolescencia, Pueblos Indígenas y Afrodescendientes*, p. 119.

[275] CIDH, "José Rusbel Lara y otros. Colombia", párr. 33.

[276] GARCÍA CHAVARRÍA, *La prueba en la función jurisdiccional de la Corte Interamericana de Derechos Humanos*, p. 55.

Patriótica[277]. De igual modo, en el *Caso Linda Loaiza López Soto vs. Venezuela*, la CIDH retomó el contexto –denunciado por organismos internacionales– sobre las irregularidades, omisiones y fallas en la respuesta estatal frente a casos de violencia contra la mujer en Venezuela, con el fin de formular sus respectivas recomendaciones en el informe de fondo[278].

En la misma línea, en el *Caso Cabrera García y Montiel Flores vs. México,* la Corte Interamericana estableció que el contexto forma parte de la *litis* y tiene estrecha relación con los hechos alegados:

Al valorar elementos de contexto, en términos generales, no pretende emitir un pronunciamiento sobre los fenómenos globales relacionados con un determinado caso, ni juzgar las diversas circunstancias comprendidas en ese contexto. Tampoco le corresponde pronunciarse sobre la variedad de hechos, alegados tanto por el Estado como por los representantes, o de políticas públicas adoptadas en diferentes momentos para contrarrestar aspectos que escapen a lo ocurrido en un determinado caso. Por el contrario, la Corte toma en consideración estos hechos como parte de lo alegado por las partes en función de su litigio.

La Corte observa que, tanto en su informe de fondo como en la demanda, la Comisión enmarcó las violaciones de derechos ocurridas en el presente caso en un contexto sobre alegados abusos de las fuerzas militares en Guerrero, algunos patrones sobre el uso de tortura y su impacto en los procesos judiciales, así como la utilización del fuero militar para la investigación de casos por violación de derechos humanos[279].

En suma, la petición debe incluir un recuento de los hechos que sea capaz de dar cuenta de una violación a los derechos humanos por acción u omisión del Estado. Para ello, es fundamental que se expliquen en detalle las acciones u omisiones imputables al Estado, así como las pruebas que acrediten esos hechos y, de ser pertinente, el contexto en el que ocurrieron.

---

[277] CIDH, "Víctor Manuel Isaza Uribe y Familia. Colombia", párr. 74.

[278] CIDH, "Linda Loaiza López Soto y familiares. Venezuela", párrs. 142-154.

[279] Corte IDH, "Caso Cabrera García y Montiel Flores vs. México", párrs. 64-65.

2. Competencia de la CIDH

A. Por razón de la persona (ratione personae)

El SIDH protege únicamente a personas naturales, no a personas jurídicas. Al respecto, el artículo 1.1 de la Convención Americana establece que "[p]ara los efectos de esta Convención, persona es todo ser humano". En ese sentido, en un caso ante el SIDH, se considerará víctima a "una persona o grupo de personas presuntamente afectadas por los hechos alegados en la petición"[280].

Por su parte, en relación con los Estados miembro de la OEA que no forman parte de la Convención Americana, el artículo 51 del Reglamento de la CIDH deja en claro que la Comisión será competente para conocer denuncias "con relación a los Estados miembros de la [OEA] que no sean partes en la Convención Americana". En igual sentido, el artículo 23 del Reglamento delimita la competencia en razón de la persona con respecto a las presuntas víctimas de violaciones derechos humanos al señalar que "cualquier persona o grupo de personas, o entidad no gubernamental legalmente reconocida" podrá someter denuncias individuales ante la Comisión "referentes a la presunta violación de alguno de los derechos humanos reconocidos [...] en la Declaración Americana".

En todo caso, la petición debe identificar claramente a las víctimas o, cuanto menos, debe indicar el grupo al que pertenecen para ser posteriormente determinadas, puesto que no procede el estudio de casos en abstracto[281]. Los datos de identificación deberán incluirse tal como aparecen en el documento de identidad oficial del Estado del que es nacional la víctima. También deben identificarse los familiares de las víctimas que pueden haber sufrido daño por la violación de derechos humanos. En todo caso, aunque el Estado debe conocer la identidad de la presunta víctima, se podrá solicitar a la CIDH –exponiendo con claridad las razones– que no haga referencia a dicha identidad en los documentos

---

[280] CIDH, Sistema de peticiones y casos: folleto informativo, p. 16.

[281] CIDH, "Mario Roberto Chang Bravo. Guatemala", párrs. 37-39.

que publique sobre el caso, supuesto en el cual se hará uso de seudónimos[282] o iniciales del nombre[283].

a. *Personas naturales que ejercen derechos a través de personas jurídicas*

La Comisión Interamericana ha señalado de manera reiterada que son inadmisibles las peticiones interpuestas por personas jurídicas como víctimas directas. Tampoco son admisibles aquellas en las que el agotamiento de recursos internos fue realizado en nombre de personas jurídicas con reclamaciones que no coinciden con las de las personas naturales que acuden a la Comisión[284].

No obstante, existen supuestos en los que las personas naturales ejercen sus derechos a través de personas jurídicas. En esos casos, tales personas naturales sí pueden acudir al SIDH y presentar peticiones denunciando violaciones a sus derechos humanos. Como señaló la CIDH,

los órganos del Sistema Interamericano han establecido algunos parámetros importantes al respecto, por ejemplo, que quien tiene que padecer la vulneración de derechos debe ser en definitiva una persona humana; que los recursos judiciales internos, en principio, deben ser agotados para procurar la protección de personas humanas en tanto víctimas; y que en algunos casos, ciertas personas jurídicas, como medios de comunicación, sindicatos o partidos políticos son plataformas indispensables para el ejercicio de derechos de personas naturales, lo que debe ser una consideración fundamental en el análisis del caso respectivo [...] el ejercicio del derecho a través de una persona jurídica debe involucrar una relación esencial y directa entre la persona natural que requiere protección por parte del sistema interamericano y la persona jurídica a través de la cual se produjo la violación, por cuanto no es suficiente con un simple vínculo entre

---

[282] Ver, por ejemplo, CIDH, "Manuela y familia. El Salvador".

[283] Ver, por ejemplo, CIDH, "H.O.V.T. y otros. Guatemala".

[284] CIDH, "Alejandro Fernando Aguilera Mendieta y otros. México", párr. 25-29; "Carlos Alberto López Urquía. Honduras", párr. 42.

ambas personas para concluir que efectivamente se están protegiendo los derechos de personas físicas y no de las personas jurídicas[285].

En tal orden de ideas, la Corte Interamericana –en su Opinión Consultiva No. 22/16– determinó que, aunque las personas jurídicas no son titulares de derechos convencionales, las comunidades indígenas deben ser consideradas como titulares de ciertos derechos humanos que ejercen sus miembros de manera colectiva. Lo mismo ocurre con los sindicatos, las federaciones y las confederaciones, en virtud del artículo 8.1.a del Protocolo de San Salvador. Y las personas naturales que ejercen sus derechos a través de su participación en una persona jurídica –bajo ciertos supuestos– también pueden hacer valer esos derechos ante el SIDH[286].

Como ejemplos de este último supuesto, se encuentra el ejercicio de los derechos a la libertad de expresión y a la propiedad por medio de personas jurídicas. Con respecto a lo primero, la CIDH ha resaltado que

[h]oy en día una parte importante del periodismo se ejerce a través de los medios de comunicación. Estos medios son, en efecto, asociaciones de personas que se han reunido para ejercer de manera sostenida su libertad de expresión. Al mismo tiempo, es inusual en la actualidad que un medio de comunicación no esté a nombre de una persona jurídica, por lo que las restricciones a la libertad de expresión frecuentemente se materializan a través de acciones estatales que afectan, formalmente, a esa persona jurídica[287].

Así, para determinar si la afectación a un medio de comunicación constituyó, por conexidad, una violación a los derechos humanos de una persona natural, los órganos del SIDH han indicado que debe tenerse en cuenta el rol de las presuntas víctimas dentro del medio de comunicación y la forma en que contribuían con la misión comunicacional del canal[288].

---

[285] CIDH, Digesto sobre decisiones de admisibilidad y competencia de la Comisión Interamericana de Derechos Humanos, párr. 51

[286] Corte IDH, Opinión Consultiva No. 22/16.

[287] CIDH, "Marcel Granier y otros. Venezuela", párr. 128.

[288] CIDH, "Alejandro Fernando Aguilera Mendieta y otros. México", párr. 20; "William Gómez Vargas. Costa Rica", párr. 32.

En cuanto al derecho a la propiedad, la Corte ha determinado que debe diferenciarse, teniendo en cuenta las leyes internas, entre los derechos de los/as accionistas de una sociedad y los derechos de la empresa como tal, puesto que solo los primeros derechos son susceptibles de protección ante el SIDH[289]. En este sentido, debe probarse que el daño a los bienes de la propiedad de la persona jurídica afecta también a los derechos de los/as socios/as o accionistas[290].

b.   *Grupos de personas como víctimas*

Como se indicó, las peticiones ante el SIDH pueden referirse a un grupo de víctimas que hayan sido afectadas colectivamente por una violación de derechos humanos. La CIDH ha señalado que "reconoce que ciertas violaciones de derechos humanos, por su índole o circunstancias, podrían afectar a una persona en particular o a un grupo de personas que pueden identificarse de acuerdo con criterios específicos"[291].

Asimismo, la Comisión ha indicado que, cuando los hechos denunciados están relacionados con una afectación colectiva a un grupo concreto de víctimas, el criterio de identificación "debe ser flexible, y la identificación plena de la totalidad de víctimas será determinada con la prueba aportada por las partes en [la etapa de] fondo"[292].

Un ejemplo de este tipo es el relativo a comunidades indígenas. Sobre este punto, "la Comisión Interamericana en sus decisiones de admisibilidad ha tomado en consideración las características geográficas, territoriales, demográficas, culturales y de organización política para establecer su competencia *ratione personae* respecto de comunidades indígenas como víctimas"[293]. Por su parte, la Corte Interamericana ha señalado que "la

---

[289]   Corte IDH, "Caso Perozo y otros vs. Venezuela", párr. 400; "Caso Ivcher Bronstein vs. Perú", párr. 127.

[290]   Corte IDH, Opinión Consultiva No. 22/16, párr. 114.

[291]   CIDH, "Pueblos Mayas y miembros de las comunidades de Cristo Rey, Belluet Tree, San Ignacio, Santa Elena y Santa Familia. Belice", párr. 27. En el mismo sentido, ver AYALA, "Breves reflexiones sobre el litigio ante la Corte IDH y los avances en su jurisprudencia", pp. 577-578.

[292]   CIDH, "Comunidad de Paz San José de Apartadó. Colombia", párr. 62.

[293]   CIDH, Digesto sobre decisiones de admisibilidad y competencia de la Comisión Interamericana de Derechos Humanos, párr. 53.

normativa internacional relativa a pueblos y comunidades indígenas o tribales reconoce derechos a los pueblos como sujetos colectivos del Derecho Internacional y no únicamente a sus miembros. Puesto que los pueblos y comunidades indígenas o tribales, cohesionados por sus particulares formas de vida e identidad, ejercen algunos derechos reconocidos por la Convención desde una dimensión colectiva"[294].

Otro ejemplo de un grupo de personas como víctimas son las organizaciones sindicales. En tal sentido, la Corte Interamericana ha señalado que

> en razón de lo dispuesto por el artículo 44 de la Convención Americana, los sindicatos, las federaciones y las confederaciones legalmente reconocidos en uno o más Estados Parte de la Convención, formen o no parte del Protocolo de San Salvador, pueden presentar peticiones individuales ante la Comisión Interamericana en representación de sus asociados, en caso de una presunta violación de los derechos de sus miembros por un Estado Parte de la Convención Americana.[295]

Es así como la CIDH ha reconocido como presuntas víctimas a grupos conformados por afiliados a un sindicato[296].

B. *Por razón de la materia (ratione materiae)*

El artículo 23 del Reglamento de la CIDH dispone que

> [c]ualquier persona [...] puede presentar a la Comisión peticiones [...], referentes a la presunta violación de alguno de los derechos humanos reconocidos, según el caso, en la Declaración Americana de los Derechos y Deberes del Hombre, la Convención Americana sobre Derechos Humanos "Pacto de San José de Costa Rica", el Protocolo

---

[294] Corte IDH, Opinión Consultiva No. 22/16, párr. 75.

[295] *Ibid.*, párr. 105.

[296] CIDH, "Trabajadores del Sindicato de Trabajadores de la Federación Nacional de Cafeteros de Colombia. Colombia", párr. 30; "José Tomás Tenorio Morales y otros (Sindicato de Profesionales de la Educación Superior 'Ervin Abarca Jiménez' de la Universidad Nacional de Ingeniería). Nicaragua", párr. 40.

Adicional a la Convención Americana sobre Derechos Humanos en Materia de Derechos Económicos, Sociales y Culturales "Protocolo de San Salvador", el Protocolo a la Convención Americana sobre Derechos Humanos Relativo a la Abolición de la Pena de Muerte, la Convención Interamericana para Prevenir y Sancionar la Tortura, la Convención Interamericana sobre Desaparición Forzada de Personas y la Convención Interamericana para Prevenir, Sancionar y Erradicar la Violencia contra la Mujer "Convención de Belém do Pará", conforme a sus respectivas disposiciones, el Estatuto de la Comisión y el presente Reglamento.

De este modo, la CIDH puede intervenir frente a presuntas violaciones a derechos reconocidos en instrumentos interamericanos que le otorguen competencia y que hayan sido ratificados por el Estado en cuestión[297].

En cuanto a los Estados que no son parte de la Convención Americana pero sí son miembros de la OEA, el artículo 20 del Estatuto y el 23 del Reglamento de la CIDH permiten a la CIDH conocer denuncias en su contra por vulneraciones a derechos reconocidos en la Declaración Americana[298]. Esta afirmación se refuerza al observar que el artículo 1.2 del Estatuto de la CIDH establece que "por derechos humanos se entiende: [...] b. los derechos consagrados en la Declaración Americana de Derechos y Deberes del Hombre, en relación con los demás Estados miembros [de la OEA]". En particular, el artículo 20.b del Estatuto afirma que

> en relación con los Estados miembros de la [OEA] que no son partes de la Convención Americana sobre Derechos Humanos, [la Comisión podrá] examinar las comunicaciones que le sean dirigidas y [...] dirigirse al gobierno de cualquiera de los Estados miembros no partes en la Convención [Americana] con el fin de [...] formularles recomendaciones, cuando lo considere apropiado, para hacer más efectiva la observancia de los derechos humanos fundamentales.

Es de indicar que, en virtud de su competencia material, la CIDH ha declarado inadmisibles casos en los que se pretende que esta actúe como una cuarta instancia o tribunal de alzada. Al respecto, ni la CIDH ni la Corte

---

[297] GARCÍA CHAVARRÍA, *Los procedimientos ante la Comisión Interamericana de Derechos Humanos*, p. 37.

[298] CIDH, "Hugo Armendáriz. Estados Unidos", párr. 30.

IDH están destinadas a determinar responsabilidades penales individuales[299], ni a dirimir los desacuerdos que tengan las partes sobre algunos alcances de la valoración de prueba o de la aplicación del derecho interno en aspectos que no estén directamente relacionados con el cumplimiento de obligaciones internacionales en materia de derechos humanos[300]. En otras palabras, los órganos del SIDH no se encuentran facultados para revisar las sentencias dictadas por los tribunales nacionales que actúen en la esfera de su competencia y aplicando las debidas garantías judiciales, a menos que encuentre que se ha cometido una violación de alguno de los derechos amparados por la Convención Americana[301].

C. *Por razón del lugar (ratione loci)*

La Comisión Interamericana solamente podrá conocer sobre hechos acaecidos en un lugar que se encuentre bajo la jurisdicción del Estado en cuestión. Lo anterior se fundamenta en el artículo 1.1 de la Convención, según el cual "[l]os Estados Partes en esta Convención se comprometen a respetar los derechos y libertades reconocidos en ella y a garantizar su libre y pleno ejercicio a toda persona que esté **sujeta a su jurisdicción**" [resaltado añadido]. De esta manera,

> [a]l optar los Estados por delimitar el campo de aplicación de la Convención a lo que cae bajo su 'jurisdicción', optaron por un criterio amplio que incluye no sólo los actos u omisiones imputables a agentes estatales como violación de obligaciones convencionales, realizados o dejados de realizar dentro del territorio, sino que incluye la responsabilidad por actos u omisiones ejecutados, eventualmente, fuera del territorio, pero dentro del campo de jurisdicción del Estado[302].

Por su parte, la Comisión Interamericana, en el informe de admisibilidad de la petición *Khaled El-Masri vs. Estados Unidos de América*, se pronunció sobre los hechos en relación a la aplicación extraterritorial de la Declaración Americana. En dicho caso, determinó que

---

[299] Corte IDH, "Caso Escher y otros vs. Brasil", párr. 44.

[300] Corte IDH, "Caso Mémoli vs. Argentina", párr. 140.

[301] CIDH, "Armando Martínez Salgado y familia. México", párr. 16.

[302] MEDINA QUIROGA & NASH ROJAS, *Sistema Interamericano de Derechos Humanos: Introducción a sus Mecanismos de Protección*, p. 42.

una aprehensión realizada en Macedonia bajo la dirección y control de Estados Unidos era un indicio suficiente para exigir un análisis que permita determinar si efectivamente hubo ejercicio de jurisdicción extraterritorial. De acuerdo a la CIDH,

> [a]un cuando el deber del Estado de proteger los derechos de cualquier persona tiene una base territorial, en determinadas circunstancias, ese deber puede referirse a conductas con un locus extraterritorial, cuando la persona en cuestión se encuentra presente en el territorio de un Estado, pero sujeta al control de otro Estado, generalmente a través de actos de los agentes de este último en el extranjero. En estos casos, debe determinarse si la presunta víctima se encontraba o no sujeta a la autoridad y control del Estado actuante[303].

En el mismo caso, la Comisión también consideró analizar los hechos ocurridos durante la detención en una cárcel ubicada en Afganistán, debido a que

> [t]al como lo informaron los peticionarios, los informes recabados por el Consejo de Europa respaldan la alegación de que la detención ilegal y el traslado del señor El-Masri fue parte de una práctica sistemática del gobierno estadounidense durante el gobierno del Presidente George W. Bush. Según ésta y otras fuentes, la detención de la presunta víctima fue consecuencia de un error de la CIA con relación a su identidad. **Por lo tanto, la CIDH considera que, durante ese período, la presunta víctima estuvo bajo la jurisdicción de Estados Unidos, dado que Estados Unidos ejerció, presuntamente, control total y de facto sobre la cárcel 'Salt Pit' y sobre los individuos detenidos allí.** Además, sus reclamos con respecto a la denegación de los tribunales estadounidenses de examinar el fondo de la demanda presentada entran dentro de la jurisdicción de Estados Unidos[304] [resaltado añadido]

De ahí que los Estados miembro de la OEA, en aplicación de las obligaciones que se derivan de la Declaración Americana, tienen el deber de respetar los derechos de cualquier persona bajo su jurisdicción. Ello es

---

[303] CIDH, "Khaled El-Masri. Estados Unidos", párr. 24.
[304] *Ibid.*, párr. 26.

así incluso cuando –existiendo una relación de autoridad y control del Estado actuante– la supuesta conducta generadora de responsabilidad internacional se haya producido en el territorio de un tercer Estado[305].

En suma, la Comisión Interamericana es competente para conocer presuntas violaciones a derechos humanos ocurridas bajo la jurisdicción del Estado denunciado, incluso aunque no se hayan cometido en su territorio[306]. En ese último caso, debe determinarse que la víctima se encontraba sujeta a la autoridad y control de tal Estado[307].

D.   *Por razón del tiempo (ratione temporis)*

Por último, la Comisión Interamericana solo puede conocer peticiones sobre hechos ocurridos durante la vigencia del instrumento interamericano en cuestión; o en aquellos que iniciaron antes de la entrada en vigor del instrumento, pero constituyen hechos continuados que subsisten después (por ejemplo, una desaparición forzada)[308]. No obstante, para determinar las obligaciones que el Estado tenía al momento de los hechos, debe verificarse si presentó reservas a los tratados ratificados, en vista de que estas reservas pueden cambiar la regla general de competencia en razón del tiempo. Por otra parte, en caso de que se denuncie la Convención Americana, debido a que su artículo 78 exige un preaviso de un año, los órganos del SIDH pueden conocer sobre alegadas violaciones a este tratado por hechos ocurridos dentro de este periodo.

Iguales parámetros se aplican para determinar la competencia en razón del tiempo en aquellos casos que involucran a Estados que no son parte de la Convención Americana y que, por lo tanto, se rigen según las disposiciones de la Declaración Americana.

---

[305]   CIDH, "Djamel Amezaine. Estados Unidos", párrs. 29-35.

[306]   CIDH, Digesto sobre decisiones de admisibilidad y competencia de la Comisión Interamericana de Derechos Humanos, párr. 59.

[307]   CIDH, "Khaled El-Masri. Estados Unidos", párr. 24; "Franklin Guillermo Aisalla Molina. Ecuador-Colombia", párrs. 90 y 99.

[308]   GARCÍA CHAVARRÍA, *Los procedimientos ante la Comisión Interamericana de Derechos Humanos*, p. 38.

Al respecto, la Comisión Interamericana ha dicho que, en tales casos, su competencia temporal se determina a partir del momento en el que el Estado ratificó la Carta de la OEA[309].

En relación con el momento en que comienzan a regir las obligaciones específicas de la Convención Americana frente a las dispuestas en la Declaración Americana, la Comisión Interamericana ha establecido que

> una vez que la Convención Americana entra en vigor en relación con un Estado, esta y no la Declaración pasa a ser la fuente primaria de derecho aplicable por la Comisión, siempre que la petición se refiera a la presunta violación de derechos idénticos en ambos instrumentos y no se trate de una situación de violación continua.[310]

3. Admisibilidad

A. Agotamiento previo de recursos internos

Un aspecto fundamental para poder presentar una petición a la CIDH es haber agotado previamente los recursos internos, o bien que se configure alguno de los supuestos de excepción a tal requisito. En ese sentido, el artículo 46.1.a de la Convención Americana establece que deberán interponerse y agotarse los recursos de la jurisdicción interna, de conformidad con los principios generales del derecho internacional[311].

Así, un Estado no puede ser llamado a responder en el ámbito internacional por supuestas violaciones a derechos humanos, si antes la persona denunciante no hizo uso de todos los recursos internos[312]. Ello

---

[309] CIDH, "Djamel Ameziane. Estados Unidos", párr. 27.

[310] CIDH, "A.G.A. y familiares. Colombia", párr. 17.

[311] CIDH, "Victoria Piedad Palacios Tejada De Saavedra. Perú", párr. 12. En el mismo sentido, ver AYALA, *Del amparo constitucional al amparo interamericano como institutos para la protección de los derechos humanos*, pp. 76-81. Vale aclarar que se trata de una regla clásica del derecho internacional, que también está consagrada en el artículo 20.c del Estatuto de la CIDH y en los artículos 28.8 y 31.1 del Reglamento de la CIDH.

[312] MONGE NÚÑEZ & RODRÍGUEZ RESCIA, *Acceso a la Justicia de Grupos en Situación de Vulnerabilidad. Manual General de Litigio en el Sistema Interamericano con enfoque diferenciado. Niñez y Adolescencia, Pueblos Indígenas y Afrodescendientes*, p. 48.

"tiene como objeto permitir que las autoridades nacionales conozcan sobre la supuesta violación de un derecho protegido y, de ser apropiado, solucionen la situación antes de que sea conocida por una instancia internacional"[313].

Este requisito es una institución procesal estrechamente vinculada con el carácter subsidiario o complementario de la protección internacional de los derechos humanos y tiene una doble dimensión. Por un lado, resulta beneficioso para los Estados, dado que les brinda la posibilidad de resolver las controversias en el foro interno. Por el otro, también es favorable para el individuo, en tanto es titular del derecho a un recurso judicial efectivo y a la protección del debido proceso legal[314]. Como destaca la CIDH, la regla del agotamiento previo de los recursos internos

no significa que las presuntas víctimas tengan necesariamente la obligación de agotar todos los recursos que tengan disponibles. En consecuencia, si la presunta víctima planteó la cuestión por alguna de las alternativas válidas y adecuadas según el ordenamiento jurídico interno y el Estado tuvo la oportunidad de remediar la cuestión en su jurisdicción, la finalidad de la norma internacional está cumplida[315].

Sin embargo, la CIDH ha considerado que existe un agotamiento indebido y, por lo tanto, la petición es inadmisible, cuando se comprueba alguno de los siguientes supuestos: (i) se presentan recursos que no son idóneos; (ii) solo se agotan recursos que no son de naturaleza judicial; o (iii) se incumplen los requisitos procesales[316]. Sobre este último punto, la CIDH explicó que

no [se] puede considerar que el peticionario ha cumplido debidamente con el requisito del agotamiento previo de los recursos internos si los mismos han sido rechazados con fundamentos procesales razonables y no arbitrarios, como la interposición del

---

[313] CIDH, "Rosa Ángela Martino y María Cristina González. Argentina", párr. 12.

[314] TARRE Moser, *La jurisprudencia de excepciones preliminares en la Corte Interamericana de Derechos Humanos*, p. 33.

[315] CIDH, "Victoria Piedad Palacios Tejada de Saavedra. Perú", párr. 12.

[316] CIDH, Digesto sobre decisiones de admisibilidad y competencia de la Comisión Interamericana de Derechos Humanos, párrs. 118-120.

recurso de amparo sin el previo agotamiento de las vías pertinentes y la interposición de la acción contencioso administrativa fuera del plazo correspondiente ante los tribunales domésticos[317].

Teniendo en cuenta lo anterior, a continuación, se detallarán algunos aspectos relevantes en materia de este requisito, a saber: (i) la precisión de que los recursos internos que deben agotarse son aquellos que sean adecuados y efectivos; (ii) la diferencia entre recursos ordinarios y extraordinarios; y (iii) las excepciones al requisito del previo agotamiento de los recursos internos.

> a. *Los recursos internos deben ser adecuados y efectivos*

Las presuntas víctimas únicamente están llamadas a agotar los recursos que sean adecuados y efectivos[318]. Un recurso judicial es adecuado cuando su interposición puede proteger el derecho que se alega violado; y es efectivo cuando es capaz de obtener el resultado para el cual ha sido creado, es decir, que no resulte ilusorio y tenga una perspectiva razonable de éxito[319]. En tal orden de ideas, la CIDH ha indicado que para que un recurso cumpla con estas características

> [n]o basta con que esté previsto por la Constitución o la ley o con que sea formalmente admisible, sino que se requiere que sea realmente idóneo para establecer si se ha incurrido en una violación a los derechos humanos y proveer lo necesario para remediarla. No pueden considerarse efectivos aquellos recursos que, por las condiciones generales del país o incluso por las circunstancias particulares de un caso dado, resulten ilusorios. Ello puede ocurrir, por ejemplo, cuando su inutilidad haya quedado demostrada por la práctica, porque el Poder Judicial carezca de la independencia necesaria para decidir con imparcialidad o porque falten los medios para ejecutar sus decisiones; por cualquier otra situación que configure un cuadro de denegación de

---

[317] CIDH, "Gustavo Trujillo González. Perú", párr. 32.

[318] CIDH, "Trabajadores despedidos de Petróleos Del Perú (Petroperú) Zona Noroeste-Talara. Perú", párr. 47.

[319] CIDH, "Adolescentes condenados a cadena perpetua sin libertad condicional. Estados Unidos", párr. 47.

justicia, como sucede cuando se incurre en retardo injustificado en la decisión; o, por cualquier causa, no se permita al presunto lesionado el acceso al recurso judicial[320].

Además, en cuanto a la efectividad, se requiere que el órgano al que acude el reclamante llegue a una conclusión razonada y a una determinación sobre el fondo del asunto[321]. No obstante, un resultado desfavorable de un recurso interno no demuestra en sí mismo la falta de efectividad e idoneidad del recurso[322].

Así, por ejemplo, en el informe de admisibilidad de la petición *Tamara Mariana Adrián Hernández vs. Venezuela*, relativo a la inexistencia de recursos para que la presunta víctima pudiera adecuar su documentación personal a su identidad de género, la Comisión concluyó que

> [d]e acuerdo al Estado, el artículo 146 de la Ley Orgánica de Registro Civil permite el cambio de nombre. Sin embargo, la peticionaria alega que el cambio de nombre mediante dicha normativa dejaría una nota marginal en el acta, por lo que sería visible y de acceso público. Además, de la lectura de dicho artículo no surge que el mismo permita el cambio de identidad de sexo, el cual en conjunto con el cambio de nombre, son el objeto de la presente petición. En consecuencia, la Comisión concluye que el recurso mencionado por el Estado no sería, *prima facie*, un recurso idóneo para remediar la situación alegada por la peticionaria[323].

Asimismo, en el informe de admisibilidad de la petición *Eva Cristina Allan Ramos vs. Ecuador*, relativo a la detención de la presunta víctima en contra de su derecho a la presunción de inocencia, la Comisión indicó que

> el recurso de *hábeas corpus* constitucional señalado por el Estado debía ser interpuesto ante el Alcalde o el Presidente del Concejo. Al respecto, tanto la Comisión como la Corte Interamericana han establecido que la presentación de un recurso de *hábeas corpus* ante

---

[320] Corte IDH, Opinión Consultiva No. 9/87, párr. 24.

[321] CIDH, "Milton García Fajardo y otros. Nicaragua", párrs. 85-87.

[322] Ver, por ejemplo, CIDH, "Williams Mariano Paría Tapia. Perú", párr. 13.

[323] CIDH, "Tamara Adrián Hernández. Venezuela", párr. 20.

una autoridad administrativa no constituye un recurso judicial idóneo bajo los estándares de la Convención Americana. Por lo tanto, la Comisión considera que en el momento de los hechos el recurso de hábeas corpus constitucional no constituía un recurso adecuado, por lo que no resulta exigible su agotamiento[324].

Por otra parte, en aquellos casos en los que se aleguen delitos perseguibles de oficio, el Estado tiene la obligación de promover e impulsar la investigación, de manera que las "autoridades deben realizar una investigación penal eficaz destinada a esclarecer los hechos y las responsabilidades, [...] una vez fueron conocidos o debieron ser conocidos" [325]. En efecto, la CIDH ha indicado que cuando se alegan, por ejemplo, vulneraciones al derecho a la vida, al derecho a la integridad o a la libertad personal, el recurso adecuado y efectivo es una investigación en el marco de un proceso penal.

A su vez, no es exigible la intervención de las víctimas en el proceso penal –por delitos perseguibles de oficio– bajo las figuras procesales accesorias o coadyuvantes para el análisis que realiza la Comisión sobre el agotamiento de los recursos[326]. Asimismo, tampoco son exigibles las acciones fuera del ámbito penal cuando estas, por su naturaleza, no responderían al objeto principal de la denuncia ante la Comisión Interamericana. En la misma línea argumentativa, la Corte Interamericana ha considerado que en aquellos casos en los cuales se alegan graves violaciones a los derechos humanos, "la interposición de la denuncia penal es suficiente para satisfacer los requerimientos del artículo 46.1.a de la Convención"[327].

En cuanto al proceso contencioso-administrativo, en el informe de admisibilidad de la petición *José Rubián Gómez Martínez y familiares vs. Colombia* –relacionado con violaciones al derecho a la vida–, la Comisión consideró que la vía administrativa "no constituye la vía idónea ni resulta necesario su agotamiento, dado que no es adecuada para proporcionar una

---

[324] CIDH, "Eva Cristina Allan Ramos. Ecuador", párr. 25.

[325] CIDH, "Rodolfo David Piñeyro Ríos. Argentina", párr. 5.

[326] CIDH, "Javier Rodríguez Baena y familia. Colombia", párr. 8.

[327] Corte IDH, "Caso Miembros de la Aldea Chichupac y comunidades vecinas del Municipio de Rabinal vs. Guatemala", párr. 46.

reparación integral y justicia a los familiares"[328]. De igual modo, con respecto a procesos civiles, en un caso referido a una desaparición forzada y posterior falta de investigación y sanción de los responsables, la CIDH indicó que "no es necesario agotar una acción civil antes de acudir al sistema interamericano, puesto que ese remedio no respondería al reclamo principal que se realiza en esta petición"[329].

Llegado este punto, resulta relevante resumir las líneas jurisprudenciales en relación con la naturaleza y el alcance de un recurso adecuado y efectivo, de acuerdo con el tipo de violación de derechos humanos que se trate. Se pueden sintetizar tales criterios en los siguientes puntos:

1) Más que determinar si un recurso es el idóneo a agotar por su nombre, corresponde hacer un examen de eficacia de ese medio de impugnación conforme a parámetros de oportunidad y su capacidad de producir el efecto para el que fue creado.

2) Algunas violaciones a los derechos humanos deben tener una protección "directa" a través de garantías constitucionales, sin tener que agotar antes procesos ordinarios que pudieran mediatizar su resultado. Para esos casos, debe existir el "amparo directo". Esto es así respecto de la libertad de conciencia y culto, la libertad de expresión, el derecho a la vida privada, el derecho a la igualdad y no discriminación por cualquier motivo, la protección a la honra, el derecho de reunión y libertad de asociación y los derechos políticos, entre otros.

3) Hay derechos humanos que pueden protegerse por mecanismos ordinarios, siempre y cuando tales procesos cumplan con los requerimientos del artículo 25 de la Convención Americana. Por ejemplo, en relación con el derecho a la propiedad por expropiación mediando justa indemnización, o en el acceso a la justicia por medio del derecho de petición.

---

[328] CIDH, "José Rubián Gómez Martínez, Rolfe Arialdo Figueredo Martínez, Miguel Novoa Martínez, Alcira Martínez Álvarez y Familias. Colombia", párr. 6.

[329] CIDH, "Almir Muniz Da Silva. Brasil", párr. 32.

4) Las garantías judiciales –en general– y el debido proceso legal –en particular– suponen que, en cualquier tipo de proceso judicial, administrativo o de cualquier naturaleza, la autoridad que conozca en la causa vele por su protección. En caso de que ello no ocurra, deben existir recursos ordinarios para su reclamación, ya sea de apelación o de casación.

5) La noticia de desaparición forzada de una persona no puede estar sujeta a recursos ordinarios. En tales situaciones, el recurso de *habeas corpus* es el idóneo.

6) El recurso de revisión en materia penal no es exigible para agotar el proceso penal interno.

7) La acción de inconstitucionalidad no necesariamente es un recurso idóneo a agotar[330].

En síntesis, el cumplimiento del requisito del previo agotamiento de recursos internos exige a las víctimas agotar únicamente los recursos adecuados y efectivos para obtener justicia y reparar internamente las violaciones a los derechos humanos. No obstante, la determinación de los recursos adecuados y efectivos a agotar se realiza caso a caso, según el derecho vulnerado y la legislación nacional.

b.   *Recursos ordinarios y extraordinarios*

Los sistemas jurídicos nacionales ofrecen recursos ordinarios y extraordinarios para tratar de resolver una violación a los derechos humanos. Al respecto, la regla general es que para acudir al SIDH "los únicos recursos que son necesarios agotar son aquellos cuyas funciones, dentro del sistema jurídico, son apropiados para brindar protección

---

[330] MONGE NÚÑEZ & RODRÍGUEZ RESCIA, *Acceso a la Justicia de Grupos en Situación de Vulnerabilidad. Manual General de Litigio en el Sistema Interamericano con enfoque diferenciado. Niñez y Adolescencia, Pueblos Indígenas y Afrodescendientes*, pp. 50-51. Ver también AYALA CORAO, *Del amparo constitucional al amparo interamericano como institutos para la protección de los derechos humanos*, pp. 55-62.

tendiente a remediar una infracción de determinado derecho legal. En principio, se trata de recursos ordinarios y no extraordinarios"[331].

Sin embargo, la CIDH ha destacado que "en casos en los que los recursos extraordinarios resultan ser los adecuados y efectivos para la situación específica que se denuncia, sí puede evaluarse la necesidad de su agotamiento"[332]. Asimismo, ha resaltado que

> si bien, en principio, no es necesario el agotamiento de recursos extraordinarios en todos los casos, si el peticionario considera que estos pueden tener un resultado favorable en el remedio de la situación jurídica allegadamente vulnerada y decide acudir a esta vía, debe agotarlos de conformidad con las normas procesales vigentes, siempre que las condiciones de acceso a los mismos sean razonables[333].

c. *Excepciones a la regla de agotamiento previo de los recursos internos*

La Convención Americana y el Reglamento de la CIDH contemplan tres excepciones al requisito del agotamiento previo:

a) que no exista en la legislación interna del Estado en cuestión el debido proceso legal para la protección del derecho o derechos que se alegan han sido violados;

b) que no se haya permitido al presunto lesionado en sus derechos el acceso a los recursos de la jurisdicción interna, o haya sido impedido de agotarlos; o

c) que haya retardo injustificado en la decisión sobre los mencionados recursos[334].

---

[331] CIDH, "Andy Williams Garcés Suárez y familia. Perú", párr. 12.

[332] CIDH, Digesto sobre decisiones de admisibilidad y competencia de la Comisión Interamericana de Derechos Humanos, párr. 130.

[333] CIDH, "Enrique Alberto Elías Waiman. Argentina", párr. 10.

[334] Reglamento de la CIDH, artículo 31.2; Convención Americana sobre Derechos Humanos, 22/11/1969, art. 46.2.

Al respecto, debe indicarse que el análisis de las excepciones al agotamiento de los recursos internos, "se efectúa bajo un estándar de apreciación *prima facie* que en forma alguna implica un prejuzgamiento sobre el fondo del asunto"[335]. A su vez, a pesar de la estrecha relación entre la materia de fondo y la cuestión sobre la inexistencia o inefectividad de los recursos internos, la Comisión ha determinado que el análisis de estas últimas debe ser realizado en el momento en que se decida la admisibilidad "de manera previa y separada del análisis del fondo del asunto, ya que depende de un estándar de apreciación distinto de aquél utilizado para determinar la violación de los artículos 8 y 25 de la Convención"[336]. A continuación, se mencionan algunos ejemplos de cada excepción.

A) Inexistencia del debido proceso legal en la legislación interna

En el caso *Pedro Roselló y otros vs. Estados Unidos*, en el que los peticionarios alegaron que el derecho interno no establecía un debido proceso legal para que los ciudadanos estadounidenses que residen en Puerto Rico pudieran votar y elegir el presidente, vicepresidente y los miembros con derecho al voto del Congreso de los Estados Unidos, y que además sus demandas presentadas habían sido rechazadas sistemáticamente, la Comisión consideró que "los reclamos de los peticionarios en relación con el derecho de sufragio no tendrían perspectivas razonables de éxito con la presentación de ulteriores procedimientos internos"[337]. En tal sentido, sostuvo que "el derecho interno del Estado no establece el debido proceso legal para otorgar el derecho a votar por el presidente, el vicepresidente y representantes con voto en el Congreso y que los numerosos intentos de obtener reparación judicial han sido infructuosos"[338].

En otros casos, la Comisión Interamericana ha establecido que el uso de la jurisdicción penal militar no provee un recurso adecuado para investigar, juzgar y sancionar violaciones a los derechos humanos y, por lo tanto, en los casos relacionados con la aplicación del fuero militar a materias de derechos humanos, es "procedente la aplicación de la

---

[335] QUINTANA OSUNA & SERRANO GUZMÁN, *La Convención Americana sobre Derechos Humanos. Reflexiones generales*, p. 33.

[336] CIDH, "Marisa Andrea Romero y R.B.L. Argentina", párr. 26.

[337] CIDH, "Pedro Roselló y otros. Estados Unidos", párr. 8.

[338] *Idem.*

excepción contemplada en el artículo 46.2.a de la Convención"[339]. Por ende, a pesar de que exista el recurso, *prima facie* "no cumple con estándares mínimos del debido proceso"[340].

Asimismo, en un caso en el que la legislación nacional consagraba la imposibilidad de recurrir, la Comisión expresó que

> cuando el texto de una norma específica (*lex specialis*) dispone expresamente la improcedencia de recursos judiciales frente a una situación determinada en la que se alegue la violación de derechos humanos, no es razonable exigir al peticionario que, contrario al texto expreso de la misma, interponga algún recurso, sea ordinario o extraordinario. [...] Por lo tanto, se configura la excepción contenida en el artículo 46.2.a de la Convención Americana[341].

Otro ejemplo se refiere a una decisión de la CIDH respecto a un caso concerniente a la negación legal de excarcelación en casos relacionados con ciertos delitos. Frente a esto,

> la Comisión observa que conforme la información aportada por las partes, por disposición del artículo 239 del Código de Procedimiento Penal modificado por la Ley N° 586, la cesación de la detención preventiva no procede cuando se trata de procesos relacionados a delitos cometidos contra la seguridad del Estado, situación que se evidencia en el caso de las presuntas víctimas. En consecuencia, la Comisión concluye que es aplicable la excepción prevista en el artículo 46.2.a de la Convención Americana[342].

Además, en un caso relativo a un procedimiento con instancia única, la CIDH determinó que

> la acción de revisión citada por el Estado es un recurso extraordinario con causales taxativamente establecidas, que procede contra sentencias ejecutoriadas y no se configura, por lo tanto, en un

---

[339] CIDH, "William Fernández Becerra y familia. Colombia", párr. 5.

[340] QUINTANA OSUNA & SERRANO GUZMÁN, *La Convención Americana sobre Derechos Humanos. Reflexiones generales*, p. 32.

[341] CIDH, "Inés Yadira Cubero González. Honduras", párrs. 26-27.

[342] CIDH, "Mario Francisco Tadic Astorga y otros. Bolivia", párr. 45.

recurso idóneo que asegure la revisión o la doble conformidad de una sentencia condenatoria antes de ser definitiva. En consecuencia, el Estado no puso a disponibilidad de la presunta víctima un recurso que permita amparar los derechos que se alegan violados, lo cual, en términos del artículo 46.2.a de la Convención Americana, constituye una de las causales de excepción a la regla de agotamiento de los recursos de jurisdicción interna[343].

B. Impedimento fáctico o legal para agotar los recursos internos

La Comisión ha analizado diversas situaciones relacionadas con casos que evidencian la existencia de un impedimento fáctico o legal para que la presunta víctima pueda agotar los recursos previstos internamente. Por ejemplo, la no recepción de una denuncia fundamentada en un presunto trato discriminatorio es considerada como causal para la aplicación de esta excepción.

Al respecto, en el informe de admisibilidad de la petición *Alexa Rodríguez vs. El Salvador*, la Comisión concluyó que la alegada negativa de las autoridades a recibir las denuncias de la presunta víctima –basada en un supuesto trato discriminatorio por su identidad de género– y los supuestos comentarios de los agentes de la policía destinados a desincentivar la denuncia e intimidar a la presunta víctima constituían elementos suficientes para considerar que aplicaba la excepción prevista en el artículo 46.2.b de la Convención.

En otro caso, en el que la víctima alegó que no pudo interponer recurso alguno contra una decisión de deportación, la Comisión sostuvo que

[l]a emisión de la resolución de deportación y su ejecución en el mismo día constituye un plazo irrazonablemente corto que no satisface las garantías mínimas del debido proceso cuando el peticionario se encuentra privado de la libertad como en este caso, lo cual hace que los recursos no estén materialmente disponibles en términos de su accesibilidad. Asimismo, una vez ejecutada la orden de deportación, el recurso devino manifiestamente inidóneo para prevenir sus efectos. Por lo tanto, en atención a las características del presente caso, la Comisión considera que la situación denunciada por

---

[343] CIDH, "Saulo Arboleda Gómez. Colombia", párr. 28.

el peticionario se enmarca dentro de la excepción al agotamiento de los recursos internos prevista en el artículo 46.2.b de la CADH[344].

Por su parte, respecto a la interposición de un *habeas corpus* cuando se mantiene incomunicada a una persona detenida, la CIDH estableció que

> en vista de la detención incomunicada a la que habría sido sometido Gonzalo Cortéz en su primera detención, él y sus familiares o abogados no habrían tenido la posibilidad real de interponer dicho recurso durante los primeros días de la detención, cuando éste recurso resulta efectivo. En vista de que la presunta víctima habría sido impedida de agotarlo, debido a la incomunicación a la que habría sido sometido, la Comisión considera que para este extremo de la petición, aplica la excepción al agotamiento de los recursos internos establecida en el artículo 46.2.b[345].

En el *Caso Jorge Vásquez Durand y familia vs. Ecuador*, la Comisión concluyó que si bien el recurso idóneo frente a la alegada detención arbitraria –seguida de una desaparición forzada– hubiese sido una acción de *habeas corpus*, la parte peticionaria estuvo impedida de interponerlo, debido a que al momento de la alegada detención hubo un conflicto bélico entre Ecuador y Perú, los familiares del señor Vásquez residían en Perú y la normativa interna exigía conocer el lugar de la detención[346]. De ahí que "sería inviable exigir a la presunta víctima que interpusiera un recurso de amparo de libertad"[347].

Adicionalmente, la CIDH y la Corte Interamericana han determinado que la situación de habitante de calle también puede conducir igualmente a la excepción bajo estudio:

> El Estado que no provea gratuitamente asistencia legal cuando se trata de un indigente no podrá argüir luego que dicho proceso existe pero no fue agotado. En particular, la Corte Interamericana señaló que si un individuo requiere efectivamente asistencia legal

---

[344] CIDH, "Orosmán Marcelino Cabrera Barnés. México", párr. 11.

[345] CIDH, "Gonzalo Orlando Cortez Espinoza. Ecuador", párr. 45.

[346] CIDH, "Jorge Vásquez Durand y familia. Ecuador", párr. 36.

[347] *Ibid.*, párr. 37.

para proteger un derecho garantizado por la Convención y su indigencia le impide obtenerla, queda relevado de agotar los recursos internos[348].

C. Retardo injustificado en la decisión de los recursos internos

La Comisión ha aplicado esta excepción a casos en que un determinado proceso se ha extendido en el tiempo sin avances sustantivos[349], estableciendo que "la regla del previo agotamiento nunca debe conducir a que se detenga o se demore hasta la inutilidad la actuación internacional en auxilio de la víctima"[350].

No obstante, la CIDH ha explicado que "no existen disposiciones convencionales o reglamentarias que regulen de modo específico el lapso de tiempo que constituye 'retardo injustificado', por lo cual la Comisión evalúa caso por caso para determinar si se configura dicho retardo"[351]. Para dicho análisis, la Comisión ha establecido como criterios: (i) la complejidad del asunto; (ii) la conducta de las autoridades judiciales; (iii) la actividad procesal del interesado; y (iv) la afectación generada a la persona por la duración del procedimiento[352].

Por ejemplo, la Comisión –en el informe de admisibilidad de la petición *Ana Luisa Ontiveros López vs. México*– consideró que una sentencia pendiente de cumplimiento después de 10 años de haber sido dictada configuró un retardo injustificado[353]. En otros casos, la Comisión ha considerado que las investigaciones que no hayan arrojado resultados

---

[348] CIDH, "Jesús Tranquilino Vélez Loor. Panamá", párr. 45.

[349] Ver CIDH, "Tamara Adrián Hernández. Venezuela", párr. 20: "la peticionaria [...] presentó más de 30 escritos solicitando un pronunciamiento sin que haya mediado contestación por parte del Tribunal Supremo de Justicia".

[350] CIDH, "Habitantes del conjunto habitacional 'Barão de Mauá'. Brasil", párr. 22.

[351] CIDH, "Hugo Humberto Ruiz Fuentes. Guatemala", párr. 68.

[352] CIDH, "Victorio Spoltore. Argentina", párr. 41; y "Vinicio Antonio Poblete Vilches y familiares. Chile", párr. 149.

[353] CIDH, "Ana Luisa Ontiveros López. México", párr. 7.

relevantes, o que se encuentren en etapa preliminar, a más de 13[354], 15[355], 16[356] o 18[357] años de ocurridos los hechos denunciados, también producen un retardo injustificado.

Este análisis lo realiza la CIDH al momento de emitir su informe de admisibilidad, considerando "una serie de factores, como el tiempo transcurrido desde que se cometió el delito, si la investigación ha pasado de la etapa preliminar, las medidas que han adoptado las autoridades, así como la complejidad del caso"[358]. Asimismo, tiene en cuenta tanto las "circunstancias como la naturaleza de los recursos intentados, el plazo máximo legal para resolverlos y los argumentos que aporte el Estado para justificar la demora, entre otros"[359].

B.   *Plazo de presentación de la petición a la CIDH*

Los artículos 46.1.b de la Convención Americana y 32.1 del Reglamento de la CIDH establecen que la petición debe ser presentada dentro del plazo de los seis meses posteriores a la fecha en la que se haya notificado a la presunta víctima la decisión judicial definitiva que agotó los recursos internos. La presentación oportuna de la petición, límite temporal a la denuncia de los hechos, se fundamenta en que se debe "dar certidumbre jurídica y a la vez proporcionar tiempo suficiente para que un peticionario potencial considere su posición"[360]. Este plazo debe interpretarse

a la luz del principio general de que dentro de ciertos límites de temporalidad y razonabilidad la justicia no puede ser sacrificada en función de una excesiva ritualidad formal, de allí que algunos requisitos de procedimiento pueden ser dispensados si eso no conlleva un desequilibrio entre la justicia y la seguridad jurídica[361].

---

[354]   CIDH, "Luis Fernando Cano Martínez y familia. Colombia", párr. 6.

[355]   CIDH, "María da Penha Maia Fernandez. Brasil", párr. 32.

[356]   CIDH, "María Hilaria González Sierra y otros. Colombia", párr. 4.

[357]   CIDH, "Onofre Antonio De La Hoz Montero y familia. Colombia", párr. 33.

[358]   CIDH, "Néstor José Uzcátegui y otros. Venezuela", párr. 42.

[359]   QUINTANA OSUNA, *La Convención Americana sobre Derechos Humanos. Reflexiones generales,* p. 32.

[360]   CIDH, "María Eugenia Morales de Sierra. Guatemala", párr. 29.

[361]   TOJO, "Artículos 44 a 47. Competencia de la Comisión Interamericana de Derechos Humanos", p. 948.

Ahora bien, en los supuestos de excepción a la regla de agotamiento de los recursos internos ya explicados, la petición debe ser presentada a la CIDH dentro de un plazo razonable. Al respecto, el artículo 32.2 del Reglamento de la CIDH contempla que "en los casos en los cuales resulten aplicables las excepciones al requisito del previo agotamiento de los recursos internos, la petición deberá presentarse dentro de un *plazo razonable*, a criterio de la Comisión". Para determinar la razonabilidad del plazo de presentación, la Comisión considera las fechas de las violaciones de los derechos y las circunstancias de cada caso[362].

Al respecto, para determinar si un plazo es razonable, la Comisión y la Corte han establecido como criterios: (i) la complejidad del asunto; (ii) la conducta de las autoridades judiciales; (iii) la actividad procesal del interesado; y (iv) la afectación generada a la persona por la duración del procedimiento[363].

Por otra parte, la CIDH ha admitido peticiones fuera del plazo de los seis meses cuando los hechos materia de la petición, por sus propias características, aún extienden sus efectos hasta el presente. Así, el carácter continuado de las violaciones es un elemento determinante para establecer que la petición ha sido presentada en plazo. Por ejemplo, en el informe de admisibilidad de la petición *William Fernández Becerra y familia vs. Colombia*, la CIDH concluyó lo siguiente:

En cuanto al plazo de presentación, se ha establecido la aplicación de una excepción al agotamiento de los recursos internos respecto a la alegada violación al derecho a la vida; que la petición fue recibida el 23 de julio de 2008; que los hechos materia del reclamo iniciaron el 26 de agosto de 1996; y que el 11 de mayo de 1999 el Tribunal Superior Militar confirmó el cese del proceso y los efectos de los hechos materia del reclamo en cuanto a la presunta denegación de justicia se extenderían hasta el presente. En vista del contexto y las características del presente caso, y tomando en cuenta la aplicación de la jurisdicción penal militar y el transcurso del tiempo en el proceso instaurado por la

---

[362] CIDH, Reglamento de la CIDH, art. 32.2.; "Comunidad Garífuna Punta Piedra y sus miembros. Honduras", párrs. 49-50.

[363] CIDH, "Victorio Spoltore. Argentina", párr. 41; "Vinicio Antonio Poblete Vilches y familiares. Chile", párr. 149; Corte IDH, "Caso López Álvarez vs. Honduras", párr. 132.

familia en la jurisdicción contencioso administrativa, la Comisión considera que la petición fue presentada dentro de un plazo razonable y que debe darse por satisfecho el requisito de admisibilidad referente al plazo de presentación[364].

Lo anterior se fundamenta en que, con independencia de que una violación de derechos humanos hubiera ocurrido en una fecha determinada, el análisis "debe comprender las expectativas que tenían las presuntas víctimas o sus familiares de que a través de los procedimientos internos se solucionaría la situación denunciada"[365]. A continuación, se expondrán algunos ejemplos prácticos relativos a la aplicación del requisito de plazo de presentación de la petición.

En el primero de ellos, el peticionario había interpuesto a nivel interno tanto recursos ordinarios como extraordinarios. Frente a ello, la CIDH señaló lo siguiente:

> En cuanto al requisito del plazo de presentación, y frente al planteamiento del Estado relativo a la supuesta presentación extemporánea de la presente petición, la Comisión recuerda que si bien en principio, en un caso como el presente puede ser suficiente que la presunta víctima agote los recursos ordinarios, si agota recursos extraordinarios con la expectativa razonable de obtener un resultado favorable, entonces los mismos pueden tomarse en cuenta como recursos válidamente agotados para efectos del cumplimiento de los requisitos de admisibilidad de la petición[366].

En otro caso, en el que se había intentado a nivel interno un recurso extraordinario de queja, la Comisión Interamericana se pronunció de la siguiente manera:

> El Estado ha alegado la extemporaneidad de la denuncia, [...] puesto que el momento procesal en el que se cerró el debate sobre la impugnación de su condena se produjo con la decisión de fecha 18 de mayo de 1999, fecha en que se resolvió la queja. El Estado argumenta,

---

[364] CIDH, "William Fernández Becerra y familia. Colombia", párr. 6.

[365] QUINTANA OSUNA & SERRANO GUZMÁN, *La Convención Americana sobre Derechos Humanos. Reflexiones generales*, p. 34.

[366] CIDH, "Rómulo Rubén Palma Rodríguez. Perú", párr. 15.

que la interposición de las solicitudes de recurso extraordinario de revisión no interrumpió el plazo de seis meses a partir de la fecha en que fue notificado de la decisión del 18 de mayo de 1999, motivo por el cual la denuncia habría sido presentada fuera del plazo de seis meses.

Sobre este extremo, la Comisión considera que el hecho que los recursos presentados con posterioridad al recurso de queja fueran admitidos a trámite por los tribunales, y estudiados en el fondo, conlleva a razonar que los mismos fueron vías idóneas ejercidas por la presunta víctima a efectos de plantear sus alegatos a nivel interno. Nada hace pensar a la Comisión, que su interposición hubiese sido manifiestamente irrazonable o temeraria. La denuncia ante la Comisión fue presentada el 14 de enero de 2004 y los recursos internos fueron agotados el 11 de marzo de 2008 con la sentencia que resolvió el recurso de nulidad[367].

Asimismo, en un caso donde se había intentado una acción de tutela (amparo) que la Corte Constitucional se había negado a examinar, la CIDH indicó que se cumple con los requisitos de admisibilidad establecidos en los 46.1.a y 46.1.b de la Convención Americana cuando la petición fue recibida dentro de los seis meses siguientes a la emisión de la decisión de la Corte Constitucional, mediante la cual ese Tribunal descartó el análisis del expediente de tutela[368].

Por otra parte, en el *Caso Artavia Murillo y otros (fecundación in vitro) vs. Costa Rica*, el Estado alegó que la petición era extemporánea porque habían transcurrido más de seis meses desde que la víctima conoció su situación de infertilidad hasta la petición. Al respecto, la Corte Interamericana resolvió que no podía exigírsele a la víctima decidir en un lapso limitado si acudir o no a una técnica de reproducción asistida y presentar, para ello, una petición ante el SIDH. A su vez, la sentencia de la Sala Constitucional que prohibió dicha técnica seguía en vigor al momento de la petición[369].

---

[367] CIDH, "Luis Alexsander Santillán Hermoza. Perú", párrs. 25-26.

[368] CIDH, "Luis Fernando Leyva Micolta. Colombia", párr. 10.

[369] Corte IDH, "Caso Artavia Murillo y otros ('Fecundación in Vitro') vs. Costa Rica", párrs. 35-36.

Por último, debe indicarse que el Estado no puede alegar incumplimiento de este plazo y, además, presentar la excepción de falta de agotamiento de recursos internos. Como el plazo depende del agotamiento de los recursos, o bien no se agotaron dichos recursos y –por lo tanto– no se verifica el plazo de seis meses sino uno razonable, o bien se agotaron estos recursos y el peticionario debe cumplir, por tanto, con el plazo en cuestión[370]. Lo anterior se fundamenta en el principio de *estoppel* (también conocido como "teoría de los actos propios"), según el cual si una parte en un litigio ha adoptado una actitud determinada en beneficio suyo no puede luego asumir otra conducta que sea contradictoria con la primera[371].

C.   *Sobre la litispendencia o cosa juzgada internacional*

Conforme al artículo 46.1.c de la Convención Americana, para que una petición sea admitida se requiere que su materia no esté pendiente de otro procedimiento de arreglo internacional. Asimismo, el artículo 47.d establece que la Comisión declarará inadmisible toda petición que "sea sustancialmente la reproducción de petición o comunicación anterior ya examinada por la Comisión u otro organismo internacional". En igual sentido, el artículo 33.2 del Reglamento de la CIDH indica lo siguiente:

Sin embargo, la Comisión no se inhibirá de considerar las peticiones a las que se refiere el párrafo 1 cuando:

a. el procedimiento seguido ante el otro organismo se limite a un examen general sobre derechos humanos en el Estado en cuestión y no haya decisión sobre los hechos específicos que son objeto de la petición ante la Comisión o no conduzca a su arreglo efectivo; o

b. el peticionario ante la Comisión sea la víctima de la presunta violación o su familiar y el peticionario ante el otro organismo sea una tercera persona o una entidad no gubernamental, sin mandato de los primeros.

---

[370]   Corte IDH, "Caso Neira Alegría y otros vs. Perú", párrs. 29-31.

[371]   *Ibid.*, párr. 29.

Este requisito presenta una doble dimensión. Por un lado, exige que el objeto de la petición no haya sido resuelto por la misma Comisión u otro organismo internacional (cosa juzgada). Por el otro, que no se encuentre pendiente o a la espera de una decisión (litispendencia).

Para que se considere la existencia de una eventual duplicidad, el contenido debe hacer referencia a "la misma persona, las mismas demandas legales y garantías, y los mismos hechos aducidos"[372]; es decir, una identidad entre los casos. Además, "se requiere que la petición esté siendo considerada, o haya sido decidida, por un organismo internacional que tenga competencia para adoptar decisiones sobre los hechos específicos contenidos en la petición, y medidas tendientes a la efectiva resolución de la disputa de que se trate"[373]. En otras palabras, no cualquier procedimiento internacional genera duplicidad.

De modo que el análisis de la causal de duplicidad se enfoca en determinar si existe efectivamente competencia, "para conocer los hechos alegados y la naturaleza de la respuesta que dicho procedimiento puede otorgar a tales hechos en comparación con la respuesta que el sistema de peticiones individuales en el Sistema Interamericano de Derechos Humanos"[374]. Por ejemplo, en el *Caso Comunidades del Bajo y Medio Atrato Chocoano y Antioqueño vs. Colombia*, la parte peticionaria incluyó a un conjunto de víctimas que previamente habían sido señaladas bajo el mismo marco fáctico y base legal en otra petición ante la CIDH. Es por ello que "respecto a estos alegatos, los peticionarios decidieron desistir de mantenerlas como víctimas de la presente petición"[375].

No obstante, la CIDH ha indicado que no existe duplicidad internacional en cuanto a los denominados procedimientos especiales de Naciones Unidas[376], ni respecto a los órganos de tratados bajo el

---

[372] CIDH, "José Tomás Tenorio Morales y otros (Sindicato de Profesionales de la Educación Superior 'Ervin Abarca Jiménez' de la Universidad Nacional de Ingeniería). Nicaragua", párr. 52.

[373] CIDH, "Jorge Marcial Tzompaxtle Tecpile y otros. México", párr. 34.

[374] QUINTANA OSUNA & SERRANO GUZMÁN, *La Convención Americana sobre Derechos Humanos. Reflexiones generales*, p. 34.

[375] CIDH, "Comunidades del Bajo y Medio Atrato Chocoano y Antioqueño. Colombia", párr. 52.

[376] CIDH, "Eustaquio Yauli Huaman. Perú", considerandos g y h.

procedimiento de informes periódicos[377]. Así, en el informe de admisibilidad de la petición *Almir Muniz da Silva vs. Brasil*, en el cual la parte peticionaria presentó una denuncia ante el Grupo de Trabajo sobre Desapariciones Forzadas o Involuntarias de Naciones Unidas, la Comisión concluyó que "dicho organismo no tiene un sistema de casos que permita emitir decisiones que atribuyan responsabilidades específicas"[378] y que, por tanto, no había duplicación o cosa juzgada internacional[379].

Por otro lado, en relación a sentencias dictadas por otros tribunales internacionales de derechos humanos sobre un mismo caso, la Comisión – en el informe de admisibilidad de la petición *Khaled El-Mari vs. Estados Unidos*– indicó que

> [s]i bien la base de la demanda ante el TEDH es muy similar y se refiere a la misma parte demandante (la presunta víctima), la parte demandada (el Estado) no es la misma, dado que ante el TEDH fue Macedonia y ante la Comisión Interamericana de Derechos Humanos, los Estados Unidos de América.

> Además, el TEDH no tiene jurisdicción contra Estados Unidos, el cual no es un Estado Parte del Convenio Europeo de Derechos Humanos. Por lo tanto, la Comisión considera que la decisión del TEDH no constituye un impedimento para la admisibilidad de la presente petición[380].

Recapitulando, la CIDH ha declarado que existe litispendencia o cosa juzgada internacional por procedimientos contenciosos ante órganos de tratados de las Naciones Unidas (por ejemplo, el Comité de Derechos Humanos[381] y el Comité contra la Tortura[382]). En contraste, ha determinado

---

[377] CIDH, "Amilcar Menendez, Juan Manuel Caride y otros (Sistema de Seguridad Social). Argentina", párrs. 63 y 64. Ver también: PIZARRO SOTOMAYOR, *The rule against duplication of procedures in the regional systems of human rights protection*, p. 7.

[378] CIDH, "Almir Muniz Da Silva. Brasil", párr. 37.

[379] *Ibid.*, párrs. 37-38.

[380] CIDH, "Khaled El-Masri. Estados Unidos", párrs. 34-35.

[381] CIDH, "Víctor Alfredo Polay Campos. Perú", párrs. 16 y 19.

[382] CIDH, "Cecilia Rosana Núñez Chipana. Venezuela", párr. 37.

que no se configura litispendencia o cosa juzgada internacional por demandas ante la Corte Internacional de Justicia[383], recomendaciones del Comité de Libertad Sindical de la OIT[384] y comunicaciones al Grupo de Trabajo sobre la Detención Arbitraria[385], entre otros casos[386].

4.   *Derechos alegados*

El artículo 47.b de la Convención Americana señala que "[l]a Comisión declarará inadmisible toda petición o comunicación presentada de acuerdo con los artículos 44 o 45 cuando: (…) no exponga hechos que caractericen una violación de los derechos garantizados por esta Convención". Por su parte, el artículo 28.6 del Reglamento de la Comisión agrega que

> las peticiones dirigidas a la Comisión deberán contener la siguiente información: (…) La indicación del Estado que el peticionario considera responsable, por acción o por omisión, de la violación de alguno de los derechos humanos consagrados en la Convención Americana sobre Derechos Humanos y otros instrumentos aplicables, aunque no se haga una referencia específica al/os artículo(s) presuntamente violado(s).

Según se observa, no es imprescindible identificar en la petición los derechos humanos violados[387]. Sin embargo, antes de presentar una petición, consideramos que resulta importante analizar si los hechos que se van a denunciar violan alguno de los instrumentos interamericanos de derechos humanos. Además, es aconsejable que se incorpore una sección relativa al análisis de los derechos, considerando el desarrollo

---

[383]   CIDH, "Edgar Tamayo Arias. Estados Unidos", párr. 44.

[384]   CIDH, "José Tomás Tenorio Morales y otros (Sindicato de Profesionales de la Educación Superior 'Ervin Abarca Jiménez' de la Universidad Nacional de Ingeniería). Nicaragua", párrs. 52-54.

[385]   CIDH, "Jorge Marcial Tzompaxtle Tecpile y otros. México", párr. 35-37.

[386]   Para profundizar en este tema, ver CIDH, Digesto de decisiones sobre admisibilidad y competencia de la Comisión Interamericana de Derechos Humanos, pp. 32-33.

[387]   CIDH, "Maurilia Coc Max y otros ('Masacre de Xamán'). Guatemala", párr. 35.

jurisprudencial y doctrinal en la materia. En efecto, es conveniente citar las disposiciones del *corpus iuris* del DIDH que sean relevantes para aclarar el contenido de las obligaciones incumplidas por el Estado denunciado[388].

No obstante, la calificación jurídica de los hechos –es decir, la identificación de los instrumentos internacionales aplicables al caso concreto y la determinación de las disposiciones infringidas por el Estado– corresponde a la Comisión en la etapa de admisibilidad. Al respecto, la Comisión ha concluido de manera reiterada que

> [n]i la Convención Americana ni el Reglamento de la CIDH exigen a los peticionarios identificar los derechos específicos que se alegan violados por parte del Estado en el asunto sometido a la Comisión, aunque los peticionarios pueden hacerlo. En cambio, corresponde a la Comisión, con base en la jurisprudencia del sistema, determinar en sus informes de admisibilidad, qué disposición de los instrumentos interamericanos relevantes es aplicable y podría establecerse su violación si los hechos alegados son probados mediante elementos suficientes[389].

La Comisión también podrá incluir nuevos instrumentos jurídicos en la etapa de fondo que no hayan sido citados con anterioridad, siempre que se fundamenten en hechos que hayan sido establecidos en el informe de admisibilidad. Por ejemplo, en el *Caso Linda Loaiza López Soto vs. Venezuela*, la CIDH resaltó lo siguiente:

> Preliminarmente, la Comisión nota que en su informe de admisibilidad no incluyó expresamente a la CIPST [Convención Interamericana para Prevenir y Sancionar la Tortura] dentro de los instrumentos que podrían considerarse en la etapa de fondo. Sin embargo, de la totalidad de alegatos y prueba disponible en la etapa de

---

[388] En este sentido, puede ser de interés REISENBERG, *Prevención y Reparación de Violaciones a Derechos Humanos en el Marco Internacional. Defensa ante el Sistema Interamericano. Manual para Abogados y Defensores de Derechos Humanos*, pp. 61-66. Ver también O'DONNELL, *Derecho internacional de los derechos humanos. Normativa, jurisprudencia y doctrina de los Sistemas Universal e Interamericano*.

[389] CIDH, "Maurilia Coc Max y otros ('Masacre de Xamán'). Guatemala", párr. 35.

fondo, la CIDH considera pertinente analizar los hechos a la luz de dicho instrumento. Al respecto, la Corte Interamericana ha establecido que la inclusión de artículos de la Convención Americana por parte de la CIDH en la etapa de fondo 'no implica una vulneración al derecho de defensa [del Estado]' en casos donde el Estado ha tenido conocimiento de los hechos que sustentan su presunta violación. La Comisión destaca que tanto a lo largo del procedimiento de admisibilidad como el de fondo, el Estado conoció los hechos en los cuales se basa la aplicación de la CIPST. En virtud de lo anterior, la Comisión incluirá este instrumento[390].

Por último, al efectuar los alegatos de derecho, es importante que la parte peticionaria revise que el Estado denunciado sea parte de la OEA y, si se van a denunciar violaciones a instrumentos diferentes a la Declaración Americana, debe verificarse que el Estado haya ratificado el tratado interamericano cuya violación se alegue. Además, debe corroborarse que el tratado atribuya competencia a la CIDH para conocer en las violaciones sobre las cuales el Estado no haya expresado reservas relevantes a los efectos de la petición específica que se vaya a presentar, y que la obligación internacional del Estado estuviese vigente al momento de los hechos.

5.   *Legitimación para presentar una petición a la CIDH*

Sobre este punto, debe señalarse que la figura del peticionario no necesariamente coincide con la de la víctima. De conformidad con el artículo 44 de la Convención Americana y con el 23 del Reglamento de la CIDH, tienen legitimación activa para denunciar hechos ante la Comisión Interamericana (i) cualquier persona o un grupo de personas; (ii) una entidad no gubernamental, incluidas las organizaciones no gubernamentales; y (iii) la propia víctima.

Al respecto, de acuerdo con el artículo 28.1 del Reglamento de la CIDH, en la petición se debe indicar "[e]l nombre de la persona o personas denunciantes o, en el caso de que el peticionario sea una entidad no gubernamental, su representante o representantes legales y el Estado miembro en el que esté legalmente reconocida". Además, se deben incluir los datos de contacto (con carácter preferente, una dirección de correo electrónico), junto con la firma de la parte peticionaria, para recibir la

---

[390]   CIDH, "Linda Loaiza López Soto y familiares. Venezuela", nota al pie 214.

correspondencia de la Comisión[391]. Sin embargo, se puede solicitar –de manera justificada– que la Comisión reserve la identidad de la víctima frente al Estado; en tal caso, solo se comunicará a dicho Estado el nombre de la víctima[392].

Más allá de lo anterior, la representación de la víctima ante la Comisión Interamericana no está sujeta a excesivas formalidades. En efecto, para presentar la petición y llevar adelante su trámite ante la Comisión no se exige la representación de una abogada o abogado[393]. A su vez, cuando la petición es presentada por una tercera persona u organización, esta no necesariamente debe estar acompañada del consentimiento –tácito o expreso– de la víctima. En consecuencia, el peticionario no requiere autorización o poder de representación legal para realizar la denuncia y tampoco para llevar adelante el procedimiento, excepto cuando se deba decidir sobre si el caso es sometido a la Corte IDH, o también en el supuesto que se adopte un acuerdo de solución amistosa[394].

No obstante, si se cuenta con el consentimiento de la víctima, "es conveniente presentar el poder de representación con la denuncia remitida a la Comisión"[395]. Además, la víctima puede notificar, en cualquier momento, a la Comisión Interamericana si desea constituirse como peticionaria en su propia petición o cambiar la representación. Por último, no es requisito que los representantes cuenten con un título profesional en Derecho.

II.   ASPECTOS OPCIONALES DE UNA PETICIÓN

A continuación, se hará referencia a algunos aspectos relevantes que pueden estar presentes en una petición a la CIDH, o que pueden surgir en el trámite de esta, según las circunstancias y necesidades de cada caso.

---

[391] CIDH, Reglamento de la CIDH, art. 28.3.

[392] *Ibid.*, art. 28.2.

[393] CIDH, Sistema de peticiones y casos: folleto informativo, p.17.

[394] CIDH, "Comunidad Q'oq'ob del Municipio de Santa María Nebaj. Guatemala", párr. 23. Ver también GARCÍA CHAVARRÍA, *Los procedimientos ante la Comisión Interamericana de Derechos Humanos*, p. 31; y CIDH, Reglamento de la CIDH, arts. 40.2 y 45.2(a).

[395] CEJIL, *Guía para defensores y defensoras de Derechos Humanos: la protección de los Derechos Humanos en el Sistema Interamericano*, p. 82.

1. *Solicitud de medidas cautelares*

En situaciones de urgencia, gravedad y riesgo de daño irreparable, la Comisión Interamericana puede otorgar medidas cautelares a favor de una persona o grupo de personas, ya sea a solicitud de parte u oficiosamente. Las medidas pueden ser en el marco de una petición individual ante el Sistema Interamericano, en cuyo caso no constituyen prejuzgamiento[396], o autónomas.

La función de estas medidas puede ser cautelar, es decir, para preservar una situación jurídica y garantizar el efecto útil de una eventual decisión en un caso ante el SIDH, por lo cual se mantienen vigentes hasta que se resuelva la controversia; o tutelar, es decir, para evitar vulneraciones a derechos humanos, por lo cual se mantienen vigentes hasta que el riesgo desaparezca[397]. Además, debe indicarse que, como estas medidas no buscan determinar responsabilidad internacional, el riesgo de daño no necesariamente debe ser atribuible a un agente estatal. Tampoco es necesario agotar recursos internos antes de solicitarlas[398] ni cumplir con los demás requisitos de admisibilidad que exige la presentación de una petición individual.

En principio, cualquiera de los derechos contemplados en la CADH o en la Declaración Americana son susceptibles de ser protegidos por estas medidas. No obstante, la Comisión Interamericana generalmente no ha considerado procedentes las medidas cautelares para los siguientes supuestos: (i) tutelar los derechos a las garantías judiciales y a la protección judicial; (ii) determinar la compatibilidad de una norma en abstracto con la Convención Americana; (iii) exigir el pago de compensaciones pecuniarias o salarios; (iv) evitar despidos de funcionarios no electos popularmente; (v) solicitar recursos económicos, y (vii) acciones relacionadas con trámites

---

[396] CIDH, Reglamento de la CIDH, art. 25.8.

[397] CIDH, "Estudiantes de la escuela rural Raúl Isidro Burgos respecto del Estado de México", párr. 5.

[398] Sin embargo, el artículo 25.6 del Reglamento de la CIDH establece que "[a]l considerar la solicitud, la Comisión tendrá en cuenta su contexto y los siguientes elementos: a. si se ha denunciado la situación de riesgo ante las autoridades pertinentes, o los motivos por los cuales no hubiera podido hacerse".

meramente administrativos[399]. Es así que la mayoría de las medidas cautelares otorgadas están destinadas a proteger los derechos a la vida e integridad personal.

La Comisión Interamericana puede conceder medidas cautelares que –previa concertación con los beneficiarios– incluyan medidas inmediatas para proteger los derechos amenazados y medidas destinadas a evitar la ocurrencia de nuevos eventos de riesgo[400]. Tales medidas, "[e]n general, suelen tener un carácter amplio, puesto que la modalidad de implementación corresponde en principio al Estado atendiendo al principio de concertación con los(as) beneficiarios(as) y sus representantes". A modo de ejemplo, podemos mencionar las siguientes medidas que la Comisión Interamericana ha solicitado a los Estados en diferentes casos[401]:

1) abstenerse de aplicar la pena de muerte;

2) proteger el territorio de comunidades indígenas;

3) abstenerse de deportar a una persona;

4) tomar las medidas necesarias para garantizar la vida e integridad personal;

5) asegurar la provisión de un tratamiento médico;

6) investigar diligentemente amenazas, agresiones u hostigamientos;

7) mitigar fuentes de contaminación que causen una afectación en la salud, vida o integridad personal;[402]

Si bien la facultad de conceder medidas cautelares no se contempla expresamente en la Convención Americana, se ha incorporado en el Reglamento de la CIDH a partir de 1980. En efecto, el actual artículo 25.1 del Reglamento establece lo siguiente:

---

[399] CIDH, Resolución 3/2018.

[400] CIDH, *Directrices generales de seguimiento de recomendaciones y decisiones de la Comisión Interamericana de Derechos Humanos*, p. 28.

[401] REISENBERG, Prevención y Reparación de Violaciones a Derechos Humanos en el Marco Internacional. Defensa ante el Sistema Interamericano. Manual para Abogados y Defensores de Derechos Humanos, p. 27; CIDH, *Directrices generales de seguimiento de recomendaciones y decisiones de la Comisión Interamericana de Derechos Humanos*, p. 28

[402] CIDH, "Miembros del Pueblo Indígena Munduruku respecto de Brasil", párr. 44.

Con fundamento en los artículos 106 de la Carta de la Organización de los Estados Americanos, 41.b de la Convención Americana sobre Derechos Humanos, 18.b del Estatuto de la Comisión y XIII de la Convención Interamericana sobre Desaparición Forzada de Personas, la Comisión podrá, a iniciativa propia o a solicitud de parte, solicitar que un Estado adopte medidas cautelares. Tales medidas, ya sea que guarden o no conexidad con una petición o caso, se relacionarán con situaciones de gravedad y urgencia que presenten un riesgo de daño irreparable a las personas o al objeto de una petición o caso pendiente ante los órganos del Sistema Interamericano.

De lo anterior se desprenden tres requisitos sustanciales para que la Comisión Interamericana otorgue medidas cautelares:

1) gravedad de la situación: se refiere al impacto que una acción u omisión puede tener sobre un derecho protegido o sobre el efecto eventual de una decisión pendiente en una petición individual[403];

2) urgencia de la situación: que la amenaza sea inminente según la información proporcionada[404]; y

3) riesgo de daño irreparable sobre derechos que por su naturaleza no son susceptibles de reparación.

En relación con los requisitos formales, la solicitud de medidas cautelares debe contener los datos de los beneficiarios de las medidas (o la

---

[403] La CIDH ha señalado como criterios para tener en cuenta: i) el tenor de las amenazas recibidas; ii) los actos de agresión que se hubieren perpetrado contra el posible beneficiario; iii) antecedentes de actos de agresión contra personas similarmente situadas; iv) el incremento en las amenazas; v) elementos como apología o incitación a la violencia. Sobre este punto, ver CEJIL, *Guía para defensores y defensoras de Derechos Humanos: la protección de los Derechos Humanos en el Sistema Interamericano*, p. 124.

[404] La urgencia puede verificarse por i) la existencia de ciclos de amenazas y agresiones; ii) la continuidad y proximidad temporal de las amenazas; y iii) la existencia de un ultimátum. Ver CEJIL, Guía para defensores y defensoras de Derechos Humanos: la protección de los Derechos Humanos en el Sistema Interamericano, p. 124.

información necesaria para identificarlos)[405], una descripción precisa y cronológica de los hechos, y el detalle de las medidas solicitadas[406].

Es de señalar que no existe un plazo para que la CIDH resuelva una solicitud de medidas cautelares, sino que el tiempo que toma en resolverla depende, entre otras circunstancias, de si se aportó toda la información necesaria y si el Estado presentó respuesta[407]. Como dato ilustrativo, en 2022 la CIDH recibió 1033 solicitudes de medidas y otorgó 50[408]. De todas ellas, el 46% fueron ampliadas u otorgadas en menos de 90 días, en virtud de la implementación de la Resolución 3/18 relativa al fortalecimiento al trámite de solicitudes de medidas cautelares[409].

Actualmente, las solicitudes de medidas cautelares se presentan a través del Portal del Sistema Individual de Peticiones, diligenciando un formulario separado al de las peticiones individuales. Una vez que la solicitud es recibida, se le asigna un número y la Sección de Medidas Cautelares y Provisionales de la Secretaría realiza un diagnóstico inicial con el fin de determinar el grado de urgencia y priorizar las situaciones de mayor riesgo. Posteriormente, se evalúa la solicitud, con el fin de verificar si se cumplen los requisitos señalados previamente. Durante esta etapa, la CIDH puede requerir información adicional al Estado y/o al solicitante. Al respecto, en virtud de la Resolución 3/18, la CIDH tiene la facultad de desactivar –sin previa notificación– las solicitudes de medidas cautelares cuando los solicitantes no respondan los requerimientos de información de la Comisión dentro del plazo otorgado.

Tras el debate y la votación de las/os comisionadas/os, la CIDH resuelve si concede o no las medidas cautelares, y emite una resolución fundada, incluyendo los siguientes elementos:

---

[405] Al respecto, cabe indicar que un tercero puede presentar la solicitud de medidas cautelares, pero el artículo 25.6.a del Reglamento de la CIDH exige que el potencial beneficiario consienta expresamente, salvo en situaciones justificadas en que dicho consentimiento no pueda darse.

[406] CIDH, Reglamento de la CIDH, art. 25.4.

[407] REISENBERG, Prevención y Reparación de Violaciones a Derechos Humanos en el Marco Internacional. Defensa ante el Sistema Interamericano. Manual para Abogados y Defensores de Derechos Humanos, p. 28.

[408] CIDH, "Estadísticas de la Comisión Interamericana de Derechos Humanos".

[409] CIDH, Informe Anual 2022, p. 248.

1) la descripción de la situación y los beneficiarios;

2) de ser aplicable, la información aportada por el Estado;

3) las consideraciones de la Comisión sobre los requisitos de gravedad, urgencia e irreparabilidad;

4) de ser aplicable, el plazo de vigencia de las medidas cautelares; y

5) los votos de las/os comisionadas/os[410].

Ahora bien, si la CIDH decide otorgar las medidas cautelares, se inicia una etapa de seguimiento, durante la cual el Estado deben presentar informes periódicos y los beneficiarios, observaciones. A su vez, la CIDH puede establecer reuniones de trabajo, cronogramas de implementación, audiencias públicas, visitas *in loco*, o un procedimiento especial[411]. Fruto de esta actividad, la CIDH puede adoptar resoluciones de seguimiento ante "la persistencia de factores de riesgo, la falta de respuesta de parte del Estado, o la identificación de desafíos en la implementación que ameriten un pronunciamiento de parte de la Comisión"[412]. Conviene señalar que, en el marco del seguimiento a medidas cautelares, durante 2022 la CIDH envió 1.671 cartas de seguimiento a los Estados y representantes, realizó 50 reuniones de trabajo y llevó a cabo 4 audiencias públicas[413].

Finalmente, debemos mencionar que, durante la vigencia de la medida cautelar, se puede solicitar su ampliación respecto de más personas cuando exista una conexión fáctica con los hechos que originaron la solicitud inicial[414]. También se puede solicitar la modificación de su objeto o su levantamiento, según la evolución de la situación de riesgo[415].

---

[410] CIDH, Reglamento de la CIDH, art. 25.7

[411] Por ejemplo, la CIDH creó el Mecanismo Especial de Seguimiento del asunto Ayotzinapa (MESA) para realizar el seguimiento a las Medidas Cautelares 409/14 relativas a la desaparición de los 43 estudiantes mexicanos. Para más información, ver CIDH, Resolución 42/2016.

[412] CIDH, Resolución No. 2/2020, p. 3.

[413] CIDH, Informe Anual 2022, p. 249.

[414] CIDH, *Directrices generales de seguimiento de recomendaciones y decisiones de la Comisión Interamericana de Derechos Humanos*, párr. 52.

[415] *Idem.*

La decisión de la Comisión sobre la ampliación, modificación o levantamiento también se emite mediante resolución fundamentada[416].

2. *Solicitud de prioridad o trámite per saltum*

El artículo 29.2 del Reglamento de la Comisión contempla, como regla general, que las peticiones serán estudiadas en el orden cronológico en que fueron recibidas, y que, por excepción, la CIDH en algunos supuestos podrá adelantar la evaluación de una petición. Al respecto, si se encuentra presente alguno de esos supuestos, es importante indicarlo así en la petición y solicitar a la CIDH que le otorgue prioridad. Tales supuestos, que no son exhaustivos, son los siguientes:

a. cuando el transcurso del tiempo prive a la petición de su efecto útil, en particular:

    i. cuando la presunta víctima sea un adulto mayor, niño o niña;

    ii. cuando la presunta víctima padezca de una enfermedad terminal;

    iii. cuando se alegue que la presunta víctima puede ser objeto de aplicación de la pena de muerte; o

    iv. cuando el objeto de la petición guarde conexidad con una medida cautelar o provisional vigente;

b. cuando las presuntas víctimas sean personas privadas de libertad;

c. cuando el Estado manifieste formalmente su intención de entrar en un proceso de solución amistosa del asunto; o

d. cuando se dé alguna de las circunstancias siguientes:

    i. la decisión pueda tener el efecto de remediar situaciones estructurales graves que tengan un impacto en el goce de los derechos humanos; o

---

[416] La CIDH ha dispuesto en su página web un mapa interactivo en el que pueden consultarse las medidas cautelares otorgadas desde el 2002 y su respectivo estatus. Ver CIDH, "Mapa interactivo de las Medidas Cautelares otorgadas por la Comisión Interamericana de Derechos Humanos desde 2002".

ii. la decisión pueda impulsar cambios legislativos o de práctica estatal y evitar la recepción de múltiples peticiones sobre el mismo asunto[417].

3. *Asistencia legal y financiera*

A. *Solicitud de un defensor público*

Si la víctima no cuenta con representación legal por falta de recursos económicos, puede informarlo a la CIDH para que esta ponga en conocimiento a algunas entidades colaboradoras de defensa pública, aunque estas no se encuentran bajo la obligación de asumir el caso. Esta medida es el resultado de una práctica –de naturaleza no reglamentaria– de la Comisión Interamericana dentro del procedimiento de peticiones individuales, en aras de garantizar el acceso a la justicia interamericana, siempre que se trate de casos que cumplan con ciertos requisitos.

En 2013, la Secretaría Ejecutiva de la Comisión firmó un memorando de entendimiento con la Asociación Interamericana de Defensorías Públicas (AIDEF), para que esta represente "a la/s presunta/s víctima/s que carezcan de patrocinio legal"[418], "cuyos casos se encuentren en la etapa de fondo ante la CIDH, que no cuenten con representación legal ante la CIDH y carezcan de recursos económicos suficientes para ello"[419]. Esta medida abre la posibilidad de poder contar con una representación legal ante la Comisión Interamericana, durante la etapa del fondo del caso.

No obstante, es importante no confundir lo anterior con la figura del defensor interamericano, establecida en el Reglamento de la Corte Interamericana en 2009. Este defensor es designado de oficio por la Corte Interamericana cuando la/s presunta/s víctima/s no cuenten con representación legal debidamente acreditada, con el fin de que ejerzan su representación durante el trámite del caso.

---

[417] CIDH, Reglamento de la CIDH, art. 29.2.

[418] AIDEF, Reglamento unificado para la actuación de la AIDEF ante la Comisión y Corte Interamericana de Derechos Humanos, art. 1.2.

[419] CIDH & AIDEF, Acuerdo de entendimiento entre la Secretaría General de la Organización de los Estados Americanos, a través de la Secretaría Ejecutiva de la Comisión Interamericana de Derechos Humanos y la Asociación Interamericana de Defensoría Públicas, cláusula primera.

B.   *Solicitud al Fondo de Asistencia Legal para las Víctimas*

En adición a lo anterior, la CIDH ha creado un Fondo de Asistencia Legal para las Víctimas con el fin de cubrir los costos relacionados con la recolección y remisión de documentos probatorios, la comparecencia de la presunta víctima, testigos o peritos a audiencias ante la Comisión, y otros gastos relevantes para el procesamiento del caso[420].

El Reglamento de la CIDH para el Fondo de Asistencia Legal dispone que quien desee postularse a este beneficio deberá demostrar –mediante declaración jurada y otros medios probatorios– que carece de los recursos para solventar los gastos propios del procesamiento del caso. Además, deberá "indicar con precisión qué gastos requieren el uso de recursos del Fondo y su relación con la petición o caso". Sin embargo, esta solicitud solo será procedente si el caso se encuentra en etapa de fondo, bien sea porque la Comisión ya lo declaró admisible, o porque decidió acumular el análisis de admisibilidad con el fondo.

Una vez presentada la solicitud al Fondo de Asistencia Legal, la Secretaría Ejecutiva de la CIDH realiza un examen preliminar, en el que puede requerir información adicional al solicitante. Tras completar dicho examen, la Secretaría Ejecutiva somete la solicitud a consideración del Consejo Directivo del Fondo, compuesto por un/a representante de la CIDH y un/a representante de la Secretaría General de la OEA. El Consejo Directivo determinará la procedencia de la solicitud, basándose en el criterio de necesidad y disponibilidad de recursos en el Fondo. De otorgarse la asistencia, la/el beneficiaria/o recibirá los recursos por adelantado y luego deberá remitir los comprobantes de los gastos.

III.   ASPECTOS FORMALES DE UNA PETICIÓN

Al preparar una petición ante la CIDH, hay que tener en cuenta los aspectos sustanciales anteriormente mencionados y alegar cómo se cumple cada uno de ellos en el caso específico. Pero también existen una serie de requisitos formales que deben seguirse, o que es recomendable hacerlo.

Un aspecto fundamental que se debe tener presente, tanto al presentar una petición ante la CIDH como en las etapas subsiguientes, es que la

---

[420]   CIDH, Reglamento sobre el Fondo de Asistencia Legal del Sistema Interamericano de Derechos Humanos, art. 4.

Comisión ha ido cambiando de un sistema de expedientes físicos a otro de expedientes virtuales. Aunque hasta la fecha todavía se pueden presentar peticiones y documentos en forma física, por fax o por correo electrónico, ello no es aconsejable, dado que tales peticiones y documentos son digitalizados por la propia CIDH e incorporados al expediente virtual. De manera que la presentación de peticiones y documentos debe efectuarse, en la medida de lo posible, a través del Portal del Sistema Individual de Peticiones ("IPSP", por sus siglas en inglés) de la CIDH.

Para el peticionario, ello implica un comprobante inmediato, con fecha cierta, del envío de la petición u otros documentos. A su vez, asegura que estos se encuentren completos, estén disponibles de inmediato para que la CIDH y su Secretaría Ejecutiva puedan visualizarlos y estudiarlos en el expediente virtual, y sean procesados más rápidamente y enviados más fácilmente al Estado.

Finalmente, en cuanto al idioma de la petición, debe presentarse en el idioma del Estado denunciado.

En suma, la forma más aconsejable de presentar una petición a la CIDH es hacerlo en línea, a través del IPSP y utilizando el formulario de la CIDH[421]. A continuación, se explicará sucintamente su funcionamiento.

1.   *Portal del Sistema Individual de Peticiones*

La presentación de peticiones, así como de otro tipo de documentación relativa a un caso individual o medidas cautelares, se puede realizar a través del Portal del Sistema Individual de Peticiones. Por medio de este sistema, los usuarios registrados tienen acceso a la información sobre casos vinculados a su cuenta, incluyendo las actuaciones de la CIDH, el estado procesal del expediente y la correspondencia relacionada.

El Portal es una herramienta digital que facilita la transmisión de documentos de manera eficiente. Así, la documentación que se envíe a través de este portal no será necesario que luego sea enviada por algún otro medio, salvo que ello se solicite expresamente. Esto implica varios beneficios: (i) mayor transparencia de los procedimientos y trabajos de la CIDH a través de la utilización de tecnología y herramientas automatizadas de gestión; (ii) agilización de la transmisión en el intercambio de

---

[421]   El formulario se encuentra disponible en http://www.oas.org/es/cidh/portal/.

comunicaciones y documentación; (iii) acceso a la información sobre el estatus y estado procesal de peticiones, casos y medidas cautelares en trámite; y (iv) una forma fácil, gratuita e instantánea en que se puede enviar y recibir información adicional en casos existentes.

Para acceder al Portal y hacer seguimiento de las peticiones, los casos o las medidas cautelares, el usuario debe tener una cuenta activa en el sistema y estar asignado como parte peticionaria. Además, es posible comenzar a llenar el formulario de la petición o solicitud de medida cautelar, guardarlo y continuar en otro momento.

Al registrarse o ingresar a la cuenta, los usuarios tienen la opción de completar dos formularios: uno para presentar peticiones individuales y el otro para solicitar medidas cautelares. En caso de que se desee presentar una petición junto con una solicitud de medidas cautelares, deben llenarse ambos formularios por separado.

De igual modo, con el fin de que el usuario que diligencia el formulario pueda realizar el seguimiento del caso a través del Portal, es necesario que indique en la casilla correspondiente del formulario que es parte peticionaria. Asimismo, pueden agregarse más peticionarios y crear perfiles para cada víctima, incluyendo sus datos[422].

2. *Formulario para presentar una petición ante la Comisión Interamericana de Derechos Humanos*

Si bien el espacio que ofrece el formulario para presentar una petición individual a través del Portal puede resultar muy limitado para poder explicar adecuadamente los hechos que se quieren denunciar y el cumplimiento de los requisitos de admisibilidad (entre otros aspectos), es importante efectuar un buen resumen. De ser necesario, el formulario puede ser complementado con argumentos y detalles adicionales en un documento que puede denominarse, por ejemplo, "ampliación de

---

[422] Para más información, puede consultarse el siguiente manual de uso para peticionarios: http://www.oas.org/es/cidh/portal/ayuda/peticionarios/NetHelp/

alegatos efectuados en el formulario", y cargarse en el sistema como anexo al formulario[423].

Un formulario bien preparado y presentado debe permitir visualizar rápidamente el núcleo central: es decir, los hechos y el derecho respecto a la violación de derechos humanos que se está alegando, y lo ocurrido con los recursos internos, que son aspectos medulares del estudio inicial de la petición. El formulario se encuentra disponible como anexo a este manual.

3. Documentos que deben acompañarse con la petición

En relación con los hechos violatorios y sus antecedentes, tal como se indicó anteriormente, se sugiere hacer una narración clara, precisa, en orden cronológico y que refiera a la documentación que respalde tales afirmaciones. Así, la presentación de la información dependerá de las características particulares de cada caso.

En ese sentido, la documentación de violaciones a los derechos humanos es un proceso que permite recaudar "evidencia física, registros oficiales, declaraciones escritas y orales, análisis de [personas expertas] y otro tipo de información"[424].

El *International Justice Resource Center* ha identificado una guía con preguntas para preparar una estrategia de documentación[425]:

1) ¿Qué hechos necesitará alegar y probar la persona peticionaria para demostrar que el Estado es responsable de una violación específica de derechos humanos?

2) ¿Qué hechos son conocidos y cuáles se desconocen?

3) ¿Qué documentos, testimonios, informes, expedientes o estudios pueden proveer asistencia a los alegatos de la víctima?

---

[423] Hay que tener en cuenta que el tiempo que le va a dedicar la persona de la Secretaría Ejecutiva de la CIDH que va a analizar y a decidir si se otorga trámite o no a la petición es probablemente limitado.

[424] REISENBERG, Prevención y Reparación de Violaciones a Derechos Humanos en el Marco Internacional. Defensa ante el Sistema Interamericano. Manual para Abogados y Defensores de Derechos Humanos, p. 67.

[425] *Ibid.*, p. 68.

4) ¿Qué persona, institución o autoridad estatal posee o tiene acceso a este tipo de información?

5) Si las fuentes de información no están disponibles, ¿qué alternativas podrán usarse?

La documentación que debe presentarse con la petición dependerá del tipo de violación de derechos humanos que se alegue. Dependiendo del caso específico, algunos de los documentos que pueden acompañarse son los siguientes:

1) copias de los principales documentos, o del expediente completo, de los expedientes relativos a los procesos internos (denuncia, declaraciones, autos, resoluciones y recursos realizados ante instancias nacionales) en el ámbito penal, administrativo, civil, laboral y constitucional, según aplique;

2) copia de comunicaciones dirigidas a autoridades estatales;

3) peritajes;

4) declaraciones juradas o *affidavits*;

5) fotografías;

6) informes forenses;

7) filmaciones;

8) copia de acciones urgentes o comunicados de prensa de organizaciones de derechos humanos que hagan referencia a los hechos[426];

9) copia de informes de comisiones de la verdad; y

10) copia de informes de las misiones de verificación de Naciones Unidas[427].

Por otra parte, según se mencionó, el contexto tiene un rol fundamental para determinar las circunstancias en las cuales se desarrollaron. Por tanto, se deben proveer elementos contextuales como insumos para apreciar el

---

[426] Esto resulta muy útil en los casos de defensoras y defensores de derechos humanos.

[427] CEJIL, Guía para defensores y defensoras de Derechos Humanos: la protección de los Derechos Humanos en el Sistema Interamericano, p. 78.

alcance y las consecuencias de la situación denunciada, así como para establecer si se está frente a hechos aislados, o ante un patrón generalizado de violaciones a los derechos humanos. En ese orden de ideas, para establecer el contexto en el que ocurrieron los hechos, la Comisión Interamericana hace uso de diversos elementos, entre ellos:

1) notas de prensa;

2) informes de organizaciones no gubernamentales (locales, nacionales, regionales e internacionales) sobre la situación de derechos humanos;

3) recomendaciones, directrices e informes de órganos de derechos humanos de Naciones Unidas;

4) resoluciones, informes y decisiones de los órganos públicos del Estado en cuestión;

5) información recabada por la misma CIDH en el marco de visitas a los Estados, las audiencias públicas temáticas, y los informes anuales, de país y temáticos;

6) sentencias de la Corte Interamericana u otras decisiones de órganos internacionales de derechos humanos que se refieran al contexto del caso concreto en cuestión; y

7) en general, información de dominio público[428].

Idealmente, los documentos anexos a la petición deben estar bien organizados, numerados e identificados en un índice. Los documentos escaneados deben estar completos y en una resolución que permita leerlos claramente, tanto en una pantalla como al imprimirlos. Los anexos pueden ser copias simples; es decir, no necesitan ser copias certificadas y tampoco se requieren legalizaciones ni apostillas. Si se opta por un envío físico de los documentos, no deben enviarse originales, pues la CIDH no devuelve los documentos que se le han proporcionado.

Cabe aclarar que en el proceso de denuncias individuales ante la Comisión Interamericana existe flexibilidad probatoria[429]. Ello permite

---

[428] *Ibid.*, pp. 79-80.

[429] No se profundizará sobre la actividad probatoria en el presente manual, pues excede su objeto y fin. Sobre los medios probatorios, se sugiere consultar

ampliar algunos medios de prueba, ya que la Comisión puede aceptar todas las pruebas que las partes estimen pertinentes. Esta es una materia que no ha sido regulada por los instrumentos "de forma que corresponde a la propia Comisión resolver los problemas que puedan suscitarse"[430].

En función de lo anterior, se resalta la importancia de recabar la mayor cantidad de información que respalde las afirmaciones de la petición. A pesar de que el Reglamento de la CIDH solamente hace referencia expresa a tres medios de prueba –la pericial, la testimonial y la documental–, también se puede hacer uso de la prueba circunstancial, los indicios y las presunciones, "siempre que de ellos pueda inferirse conclusiones consistentes sobre los hechos"[431]. Por ejemplo, en el *Caso Rosendo Cantú y otra vs. México,* para constatar que fueron agentes estatales quienes agredieron sexualmente a la víctima, la Corte encontró probados estos hechos con base en el testimonio de la víctima, ya que se encontraba respaldado por una serie de pruebas circunstanciales e indicios, tales como la presencia de militares en la zona, la salida de un grupo de soldados a destruir plantaciones de amapola en las cercanías y su regreso a la Base de Operaciones dos horas después de los hechos, entre otros[432].

Por otra parte, si bien –por regla general– la carga de la prueba recae sobre la parte peticionaria, existen circunstancias excepcionales en las cuales la carga se traslada al Estado. Es lo que ocurre, por ejemplo, cuando se alega una desaparición forzada[433], cuando un agente estatal se niega a recibir una denuncia de desaparición[434], cuando una persona se encuentra

GARCÍA CHAVARRÍA, *La prueba en la función jurisdiccional de la Corte Interamericana de Derechos Humanos; Los procedimientos ante la Comisión Interamericana de Derechos Humanos;* y MONGE NÚÑEZ & RODRÍGUEZ RESCIA, *Acceso a la Justicia de Grupos en Situación de Vulnerabilidad. Manual General de Litigio en el Sistema Interamericano con enfoque diferenciado. Niñez y Adolescencia, Pueblos Indígenas y Afrodescendientes.*

[430] GARCÍA CHAVARRÍA, *Los procedimientos ante la Comisión Interamericana de Derechos Humanos*, p. 49.

[431] CIDH, "Aristeu Guida da Silva y familia. Brasil", párr. 39.

[432] Corte IDH, "Caso Rosendo Cantú y otra vs. México", párrs. 102-106.

[433] CIDH, "Nitza Paola Alvarado Espinoza, Rocío Irene Alvarado Reyes, José Ángel Alvarado Herrera y otros. México", párrs. 44-45.

[434] CIDH, "Linda Loaiza López Soto y familiares. Venezuela", párr. 168.

bajo custodia estatal[435], o en aquellas situaciones en las que sea imposible para la parte peticionaria obtener la prueba sin la cooperación del Estado[436]. Adicionalmente, el artículo 38 del Reglamento de la CIDH señala que se presumirán los hechos alegados en la petición que hayan sido transmitidos al Estado si este no suministra información para controvertirlos dentro del plazo señalado, "siempre que de otros elementos de convicción no resulte una conclusión contraria".

Adicionalmente, la Comisión Interamericana ha indicado que puede evaluar libremente las pruebas, teniendo en cuenta la gravedad de la atribución de la responsabilidad internacional del Estado y la capacidad de convicción de los hechos alegados[437]. En este punto, cabe señalar que en el SIDH el estándar probatorio es laxo y el sistema de valoración de pruebas utilizado es la sana crítica, que consiste en "evaluar el peso de la prueba según las reglas de la lógica y de la experiencia", analizándola dentro del acervo probatorio como un todo[438], sin reglas abstractas de valoración probatoria[439]. Como expresión de lo anterior, la Corte IDH valora las declaraciones de las víctimas y testigos dentro del conjunto de las pruebas del proceso y no de manera aislada[440], teniendo en cuenta su interés en el caso y, ante la ausencia de más pruebas, reconoce un alto valor a elementos de convicción[441].

---

[435] Corte IDH, "Caso Villagrán Morales y otros vs. Guatemala", párr. 170.

[436] Corte IDH, "Caso Velásquez Rodríguez vs. Honduras", párr. 135; y "Caso Ríos y otros vs. Venezuela", párr. 98.

[437] CIDH, "Norberto Javier Restrepo. Colombia", párr. 24.

[438] DÍAZ, "Análisis sistemático de la evaluación de la prueba que efectúa la Corte Interamericana de Derechos Humanos", pp. 306 y 307.

[439] BOVINO, "La actividad probatoria ante la Corte Interamericana de Derechos Humanos", p. 70.

[440] Corte IDH, "Caso Loayza Tamayo vs. Perú. Fondo", párr. 43.

[441] BOVINO, "La actividad probatoria ante la Corte Interamericana de Derechos Humanos", pp. 73 y 78.

PARTE IV

SINOPSIS DE LAS ETAPAS SUBSIGUIENTES A LA PRESENTACIÓN DE UNA PETICIÓN A LA CIDH

A continuación, se resumen los pasos en el procedimiento tras la presentación de una petición a la Comisión Interamericana. Conviene tener en cuenta que, si bien el procedimiento no es de alta complejidad y los plazos reglamentarios son relativamente cortos, en la práctica puede llevar varios años debido al significativo atraso procesal del Sistema Interamericano. En todo caso, a raíz de las estrategias y medidas adoptadas por la Comisión frente a este tema, se espera que a futuro se reduzcan los tiempos de espera para obtener decisiones de la Comisión, tanto en materia de admisibilidad como de fondo.

I.   ETAPA DE TRÁMITE

Esta etapa hace referencia a que la Comisión Interamericana estudia una petición recibida y decide si transmitirla o no al Estado respectivo para contestación. En tal orden de ideas, el artículo 29 del Reglamento de la CIDH dispone que, una vez que recibe una petición, a través de su Secretaría Ejecutiva puede decidir otorgar o negar el trámite, o bien pedir información adicional antes de pronunciarse. En efecto,

1. La Comisión, actuando inicialmente por intermedio de su Secretaría Ejecutiva, recibirá y procesará en su tramitación inicial las peticiones que le sean presentadas. Cada petición se registrará, se hará constar en ella la fecha de recepción y se acusará recibo al peticionario.

(…)

3. Si la petición no reúne los requisitos exigidos en el presente Reglamento, la Comisión podrá solicitar al peticionario o a su representante que los complete conforme al artículo 26.2 del presente Reglamento.

Asimismo, de conformidad con los artículos 26 y 30 del Reglamento de la Comisión Interamericana, la Secretaría Ejecutiva dará trámite a las peticiones que reúnan los requisitos dispuestos en el artículo 28 del Reglamento, a saber:

Las peticiones dirigidas a la Comisión deberán contener la siguiente información:

1. El nombre de la persona o personas denunciantes o, en el caso de que el peticionario sea una entidad no gubernamental, su representante o representantes legales y el Estado miembro en el que esté legalmente reconocida;

2. Si el peticionario desea que su identidad sea mantenida en reserva frente al Estado, y las razones respectivas;

3. La dirección de correo electrónico para recibir correspondencia de la Comisión y, en su caso, número de teléfono, facsímil y dirección postal;

4. Una relación del hecho o situación denunciada, con especificación del lugar y fecha de las violaciones alegadas;

5. De ser posible, el nombre de la víctima, así como de cualquier autoridad pública que haya tomado conocimiento del hecho o situación denunciada;

6. La indicación del Estado que el peticionario considera responsable, por acción o por omisión, de la violación de alguno de los derechos humanos consagrados en la Convención Americana sobre Derechos Humanos y otros instrumentos aplicables, aunque no se haga una referencia específica al/os artículo(s) presuntamente violado(s);

7. El cumplimiento con el plazo previsto en el artículo 32 del presente Reglamento;

8. Las gestiones emprendidas para agotar los recursos de la jurisdicción interna o la imposibilidad de hacerlo conforme al artículo 31 del presente Reglamento; y

9. La indicación de si la denuncia ha sido sometida a otro procedimiento de arreglo internacional conforme al artículo 33 del presente Reglamento.

En cuanto al tiempo que puede tardar la CIDH en esta etapa, actualmente la Comisión no tarda más de un año desde que se le presenta la petición hasta que notifica su decisión de abrir o no a trámite[442]. Sobre este punto, debe resaltarse que, aunque la tramitación corresponde a un estudio inicial del cumplimiento de los requisitos, en la práctica la Comisión Interamericana abre a trámite un porcentaje reducido de las peticiones que le son presentadas. Por ejemplo, en 2022 la CIDH solo abrió a trámite el 14% de las peticiones evaluadas[443].

En todo caso, bajo la Resolución 1/19 de la CIDH, excepcionalmente puede solicitarse la reconsideración de la decisión de no apertura a trámite de una petición[444]. Esta solicitud debe presentarse dentro del término de un mes calendario, contado desde la notificación de la decisión (si fue por medios electrónicos), o de tres meses calendario desde la fecha de envío (si fue por correo postal). La decisión que adopte la Secretaría Ejecutiva sobre la solicitud de reestudio es final y no admite más solicitudes.

II.   ETAPA DE ADMISIBILIDAD

Con la apertura a trámite de una petición, se inicia la etapa de admisibilidad ante la Comisión Interamericana. En esta etapa, ambas partes –peticionario y Estado– presentan sus observaciones sobre el cumplimiento o no de los requisitos de admisibilidad de la petición presentada[445], a la luz de la Convención Americana y del Reglamento de la CIDH. Dicha etapa culmina con un informe de admisibilidad o inadmisibilidad elaborado por la Comisión.

---

[442]   CIDH, "Preguntas frecuentes".

[443]   CIDH, Informe Anual 2022, p. 72.

[444]   CIDH, Resolución No. 1/2019.

[445]   Los requisitos de admisibilidad se explican con detalle en el acápite 1.3 de la parte 3 de este manual.

El artículo 30 del Reglamento de la CIDH dispone que desde el momento en que se abre a trámite una petición, la Comisión Interamericana trasladará las partes pertinentes de la petición al Estado y le solicitará presentar su respuesta dentro del plazo de tres meses, prorrogables a un máximo de cuatro, contados a partir de la fecha del traslado. Vale indicar que desde que se transmite la petición –y antes de que la CIDH emita su informe de admisibilidad–, el Estado debe presentar todos sus cuestionamientos a la admisibilidad. De acuerdo al citado artículo 30 del Reglamento de la CIDH,

1. La Comisión, a través de su Secretaría Ejecutiva, dará trámite a las peticiones que reúnan los requisitos previstos en el artículo 28 del presente Reglamento.

2. A tal efecto, transmitirá las partes pertinentes de la petición al Estado en cuestión. La solicitud de información al Estado no prejuzgará sobre la decisión de admisibilidad que adopte la Comisión.

3. El Estado presentará su respuesta dentro del plazo de tres meses contados desde la fecha de transmisión. La Secretaría Ejecutiva evaluará solicitudes de prórroga de dicho plazo que estén debidamente fundadas. Sin embargo, no concederá prórrogas que excedan de cuatro meses contados a partir de la fecha del envío de la primera solicitud de información al Estado.

4. En caso de gravedad y urgencia o cuando se considere que la vida de una persona o su integridad personal se encuentre en peligro real e inminente, la Comisión solicitará al Estado su más pronta respuesta, a cuyo efecto utilizará los medios que considere más expeditos.

5. Antes de pronunciarse sobre la admisibilidad de la petición, la Comisión podrá invitar a las partes a presentar observaciones adicionales, ya sea por escrito o en una audiencia, conforme a lo establecido en el Capítulo VI del presente Reglamento.

6. Las consideraciones y cuestionamientos a la admisibilidad de la petición deberán ser presentadas desde el momento de la transmisión de las partes pertinentes de ésta al Estado y antes de que la Comisión adopte su decisión sobre admisibilidad.

7. En los casos previstos en el inciso 4, la Comisión podrá solicitar que el Estado presente su respuesta y observaciones sobre la admisibilidad y el fondo del asunto. La respuesta y observaciones del Estado deben ser enviadas dentro de un plazo razonable, fijado por la Comisión al considerar las circunstancias de cada caso.

Tras la presentación de las observaciones del Estado, el peticionario tiene la oportunidad de presentar su respuesta. Así se repite sucesivamente hasta que quede culminado el debate y la CIDH cuente con la información necesaria para decidir sobre la admisibilidad del caso. Además, en circunstancias excepcionales –por ejemplo, cuando la consideración de una excepción al requisito del agotamiento de recursos internos está unida al fondo del asunto, o en casos de gravedad y urgencia–, la Comisión Interamericana puede optar por estudiar conjuntamente la admisibilidad con el fondo de la petición. En este sentido, el artículo 36 del Reglamento de la CIDH señala lo siguiente:

1. Una vez consideradas las posiciones de las partes, la Comisión se pronunciará sobre la admisibilidad del asunto. Los informes de admisibilidad e inadmisibilidad serán públicos y la Comisión los incluirá en su Informe Anual a la Asamblea General de la OEA.

2. Con ocasión de la adopción del informe de admisibilidad, la petición será registrada como caso y se iniciará el procedimiento sobre el fondo. La adopción del informe de admisibilidad no prejuzga sobre el fondo del asunto.

3. En circunstancias excepcionales, y luego de haber solicitado información a las partes de acuerdo a lo dispuesto en el artículo 30 del presente Reglamento, la Comisión podrá abrir el caso, pero diferir el tratamiento de la admisibilidad hasta el debate y decisión sobre el fondo. La decisión será adoptada en una resolución fundada que incluirá un análisis de las circunstancias excepcionales. Las circunstancias excepcionales que la Comisión tomará en cuenta incluirán las siguientes:

a. cuando la consideración sobre la aplicabilidad de una posible excepción al requisito del agotamiento de recursos internos estuviera inextricablemente unida al fondo del asunto;

b.   en casos de gravedad y urgencia o cuando se considere que la vida de una persona o su integridad personal se encuentran en peligro inminente; o

c.   cuando el transcurso del tiempo pueda impedir que la decisión de la Comisión tenga efecto útil.

4. Cuando la Comisión proceda de conformidad con el artículo 30.7 del presente Reglamento, abrirá un caso e informará a las partes por escrito que ha diferido el tratamiento de la admisibilidad hasta el debate y decisión sobre el fondo.

Con la aprobación del informe de admisibilidad, culmina la etapa de admisibilidad. Si la petición fue declarada admisible, se inicia la etapa de fondo.

III.   ETAPA DE FONDO

Si la Comisión Interamericana considera que una petición cumple con los requisitos de admisibilidad dispuestos en la Convención Americana y en su Reglamento, se inicia la etapa de fondo. A partir de ese momento, la CIDH asigna a la petición un número de caso y otorga al peticionario un plazo de cuatro meses –prorrogables a un máximo de seis– para presentar sus observaciones adicionales sobre el fondo. Dichas observaciones son transmitidas al Estado para que presente su respuesta en el mismo plazo, y así sucesivamente hasta que quede culminado el debate de fondo y la Comisión pueda emitir su informe de fondo. Puntualmente, el artículo 37 del Reglamento dispone lo siguiente:

1. Con la apertura del caso, la Comisión fijará un plazo de cuatro meses para que los peticionarios presenten sus observaciones adicionales sobre el fondo. Las partes pertinentes de dichas observaciones serán transmitidas al Estado en cuestión a fin de que presente sus observaciones dentro del plazo de cuatro meses.

2. La Secretaría Ejecutiva evaluará solicitudes de prórroga de los plazos mencionados en el inciso precedente, que estén debidamente fundadas. Sin embargo, no concederá prórrogas que excedan de seis meses contados a partir de la fecha del envío de la primera solicitud de observaciones a cada parte.

3. En caso de gravedad y urgencia o cuando se considere que la vida de una persona o su integridad personal se encuentren en peligro real e inminente y una vez abierto el caso, la Comisión solicitará a las partes que envíen sus observaciones adicionales sobre el fondo dentro de un plazo razonable, fijado por la Comisión al considerar las circunstancias de cada caso.

4. Antes de pronunciarse sobre el fondo del caso, la Comisión fijará un plazo para que las partes manifiesten si tienen interés en iniciar el procedimiento de solución amistosa previsto en el artículo 40 del presente Reglamento. En los supuestos previstos en el artículo 30.7 y en el inciso anterior, la Comisión solicitará que las partes se manifiesten de la manera más expedita. Asimismo, la Comisión podrá invitar a las partes a presentar observaciones adicionales por escrito.

5. Si lo estima necesario para avanzar en el conocimiento del caso, la Comisión podrá convocar a las partes a una audiencia, conforme a lo establecido en el Capítulo VI del presente Reglamento.

La etapa de fondo finaliza con un informe en el cual la CIDH resume la información remitida por ambas partes, establece si hubo o no una violación de derechos humanos atribuible al Estado y formula recomendaciones. Al respecto, el artículo 50 de la Convención Americana señala lo siguiente:

1. De no llegarse a una solución, y dentro del plazo que fije el Estatuto de la Comisión, ésta redactará un informe en el que expondrá los hechos y sus conclusiones. Si el informe no representa, en todo o en parte, la opinión unánime de los miembros de la Comisión, cualquiera de ellos podrá agregar a dicho informe su opinión por separado.

[...]

3. Al transmitir el informe, la Comisión puede formular las proposiciones y recomendaciones que juzgue adecuadas.

A su vez, el artículo 44 del Reglamento de la CIDH contempla que

[l]uego de la deliberación y voto sobre el fondo del caso, la Comisión procederá de la siguiente manera:

1. Si establece que no hubo violación en un caso determinado, así lo manifestará en su informe sobre el fondo. El informe será transmitido a las partes, y será publicado e incluido en el Informe Anual de la Comisión a la Asamblea General de la OEA.

2. Si establece una o más violaciones, preparará un informe preliminar con las proposiciones y recomendaciones que juzgue pertinentes y lo transmitirá al Estado en cuestión. En tal caso, fijará un plazo dentro del cual el Estado en cuestión deberá informar sobre las medidas adoptadas para cumplir las recomendaciones. El Estado no estará facultado para publicar el informe hasta que la Comisión adopte una decisión al respecto.

Cumplido el plazo de tres meses sin que se haya solucionado el asunto o se haya decidido someter el caso a la jurisdicción de la Corte Interamericana, la CIDH puede adoptar un informe definitivo. Según el artículo 47 del Reglamento de la CIDH, el informe podrá ser publicado de acuerdo a las siguientes condiciones:

1. Si dentro del plazo de tres meses a partir de la transmisión del informe preliminar al Estado en cuestión, el asunto no ha sido solucionado o, en el caso de los Estados que hubieran aceptado la jurisdicción de la Corte Interamericana, no ha sido sometido a la decisión de ésta por la Comisión o por el propio Estado, la Comisión podrá emitir, por mayoría absoluta de votos, un informe definitivo que contenga su opinión y conclusiones finales y recomendaciones.

2. El informe definitivo será transmitido a las partes, quienes presentarán, en el plazo fijado por la Comisión, información sobre el cumplimiento de las recomendaciones.

3. La Comisión evaluará el cumplimiento de sus recomendaciones con base en la información disponible y decidirá, por mayoría absoluta de votos de sus miembros, sobre la publicación del informe definitivo. La Comisión decidirá asimismo sobre su inclusión en el Informe Anual a la Asamblea General de la OEA o su publicación en cualquier otro medio que considere apropiado.

IV. ETAPA DE SEGUIMIENTO DE LAS RECOMENDACIONES DE LA COMISIÓN INTERAMERICANA A LOS ESTADOS

En caso de que la Comisión Interamericana haya determinado que el Estado es responsable por violaciones de derechos humanos, el paso siguiente es el seguimiento de la Comisión al cumplimiento de sus recomendaciones por parte del Estado y el posible envío del caso a la Corte Interamericana.

Tanto la Convención Americana (artículo 41) como el Estatuto de la CIDH (artículo 18) otorgan a la Comisión Interamericana la facultad de solicitar información a los Estados parte y, en consecuencia, producir los informes y las recomendaciones que considere pertinentes. Más específicamente, sobre el seguimiento del caso, el artículo 48 del Reglamento de la CIDH señala lo siguiente:

1. Una vez publicado un informe sobre solución amistosa o sobre el fondo en los cuales haya formulado recomendaciones, la Comisión podrá tomar las medidas de seguimiento que considere oportunas, tales como solicitar información a las partes y celebrar audiencias, con el fin de verificar el cumplimiento con los acuerdos de solución amistosa y recomendaciones.

2. La Comisión informará de la manera que considere pertinente sobre los avances en el cumplimiento de dichos acuerdos y recomendaciones.

Por su parte, el artículo 59.2.c.vii del Reglamento de la CIDH indica que el Informe Anual de la Comisión a la Asamblea General de la OEA deberá incluir "una relación del sistema de peticiones y casos, que particularice: [...] el estado del cumplimiento de las recomendaciones en casos individuales".

En cumplimiento de estas atribuciones, a partir del 2000, la Comisión Interamericana desarrolló la práctica de solicitar información a las partes de los casos con informes de fondo publicados sobre la base del artículo 51.3 de la Convención Americana. Ello con el fin de analizar el grado de cumplimiento de las recomendaciones efectuadas a los Estados; en particular, mediante la publicación de reportes de seguimiento específicos[446].

Además, desde su creación en 2018, la Sección de Seguimiento de Recomendaciones e Impacto de la CIDH se encarga de manera específica de las tareas de seguimiento de los informes de fondo publicados. Asimismo, en 2019, la Comisión Interamericana adoptó e hizo propias las Directrices Generales de Seguimiento de Recomendaciones y Decisiones, con el objetivo de "fortalecer las acciones de seguimiento [...], concentrando sus esfuerzos en el diseño de metodologías, procedimientos y protocolos homogéneos, medibles y concretos para evaluar el cumplimiento integral de dichas recomendaciones y decisiones"[447]. A tal efecto, la CIDH creó cinco categorías de análisis para establecer el grado de cumplimiento de las recomendaciones realizadas a los Estados: (i) cumplimiento total; (ii) cumplimiento parcial sustancial; (iii) cumplimiento parcial; (iv) pendiente de cumplimiento; e (v) incumplimiento[448].

Como podemos observar, la Comisión Interamericana ha incrementado ostensiblemente sus capacidades y estructuras para aumentar los niveles de seguimiento de los casos con informes de fondo publicados. De esta manera, incluso cuando no existe pleno cumplimiento de las recomendaciones de la CIDH por parte de los Estados, en algunos casos la CIDH ha decidido continuar realizando el seguimiento de sus propias recomendaciones, sin enviar el caso a la Corte IDH. En este sentido, en el Informe Anual de 2022, la CIDH registró un ingreso de 16 casos al seguimiento de la Sección de Seguimiento de Recomendaciones e Impacto[449].

---

[446] CIDH, Informe Anual 2021, párr. 147.

[447] CIDH, Directrices Generales de Seguimiento de Recomendaciones y Decisiones de la Comisión Interamericana de Derechos Humanos, párr. 2.

[448] *Ibid.*, párr. 24.

[449] Para conocer el detalle del estado de seguimiento de cada caso, se puede consultar CIDH, Informe Anual 2022, párr. 411 y 412.

V. POSIBLE ENVÍO DEL CASO A LA CORTE INTER AMERICANA DE DERECHOS HUMANOS

De conformidad con el artículo 44.3 del Reglamento de la CIDH, una vez que la Comisión Interamericana notifica al peticionario su informe de fondo, le dará un mes para presentar su posición respecto al posible sometimiento del caso a la Corte IDH. Al respecto, la respuesta del peticionario deberá contener:

a) la posición de la víctima o sus familiares, si fueran distintos del peticionario;

b) los fundamentos con base en los cuales considera que el caso debe ser remitido a la Corte; y

c) las pretensiones en materia de reparaciones y costas.

A fin de decidir si somete un caso a la jurisdicción de la Corte Interamericana, según el artículo 45 del Reglamento de la Comisión, se tendrá en cuenta lo siguiente:

1. Si el Estado en cuestión ha aceptado la jurisdicción de la Corte Interamericana, de conformidad con el artículo 62 de la Convención Americana, y la Comisión considera que no ha cumplido las recomendaciones del informe aprobado de acuerdo al artículo 50 del referido instrumento, someterá el caso a la Corte, salvo por decisión fundada de la mayoría absoluta de los miembros de la Comisión.

En todo caso, según se indicó previamente, debe tenerse presente que la falta de cumplimiento de las recomendaciones formuladas por la CIDH a los Estados no genera el envío automático del caso a la Corte IDH. Es así que la CIDH puede decidir no remitir el caso a la Corte IDH y realizar el seguimiento de sus propias recomendaciones, teniendo en cuenta los siguientes criterios:

2. La Comisión considerará fundamentalmente la obtención de justicia en el caso particular, fundada entre otros, en los siguientes elementos:

a. la posición del peticionario;

b. la naturaleza y gravedad de la violación;

c. la necesidad de desarrollar o aclarar la jurisprudencia del sistema; y

d. el eventual efecto de la decisión en los ordenamientos jurídicos de los Estados miembros.

VI. OTRAS FORMAS DE TERMINACIÓN DEL PROCESO

En adición al sometimiento del caso a la Corte Interamericana, o la publicación de un informe de fondo definitivo, existen algunas formas anticipadas de terminación del proceso, que mencionaremos a continuación.

1. *Desistimiento*

En cualquier momento desde la presentación de una petición a la Comisión Interamericana, el peticionario podrá desistir y solicitar a la CIDH que se archive. Sin embargo, la solicitud de desistimiento no implica el archivo automático, pues la Comisión Interamericana podrá decidir continuar con el proceso para tutelar derechos humanos. Al respecto, el artículo 41 del Reglamento establece que

[e]l peticionario podrá desistir en cualquier momento de su petición o caso, a cuyo efecto deberá manifestarlo por escrito a la Comisión. La manifestación del peticionario será analizada por la Comisión, que podrá archivar la petición o caso si lo estima procedente, o podrá proseguir el trámite en interés de proteger un derecho determinado.

2. *Archivo*

El archivo de peticiones y casos se encuentra dispuesto en el artículo 42 del Reglamento de la CIDH. Al respecto, la CIDH podrá archivar una petición o caso en los siguientes supuestos: (i) se verifique que no existen o subsisten sus motivos; (ii) no cuente con la información necesaria para decidir a pesar de los esfuerzos para obtenerla; o (iii) haya injustificada inactividad procesal del peticionario. Sin embargo, antes de tomar esta decisión, la Comisión Interamericana deberá notificar al peticionario sobre la posibilidad de archivo y le solicitará que presente la información necesaria dentro de un plazo determinado. Según el artículo 42.3 del

Reglamento de la CIDH, la decisión de archivo es definitiva, excepto en estos casos: a) error material; b) hechos sobrevinientes; c) información nueva que hubiera afectado la decisión de la Comisión; o d) fraude.

3. *Solución amistosa*

El procedimiento de soluciones amistosas ante la CIDH se encuentra dispuesto en el artículo 48.1.f de la Convención Americana y en el artículo 40 del Reglamento de la CIDH. Desde que una persona presenta una petición individual ante la CIDH, alegando violaciones de derechos humanos atribuibles al Estado, y la CIDH traslada la petición al Estado, esta puede ser puesta a disposición de las partes para llegar a una solución amistosa. Por medio de este procedimiento, el Estado y los peticionarios – que consienten recurrir a este mecanismo– intercambian propuestas y realizan reuniones de trabajo, con o sin acompañamiento de la CIDH, con el fin de tratar de llegar a un acuerdo en la resolución del caso[450].

En este sentido, el procedimiento de solución amistosa es un mecanismo que resuelve el objeto de la controversia fuera de la vía contenciosa ante la CIDH, de manera anticipada, con la activa y voluntaria participación de la parte peticionaria y del Estado. En este mecanismo, la CIDH cumple un rol de facilitadora y conciliadora imparcial, de modo que no se pronuncia sobre el fondo del asunto. De llegarse a un acuerdo, se evita que el caso sea elevado a la Corte Interamericana.

En caso de que las partes consideren que la negociación no satisface sus intereses, en cualquier momento pueden solicitar la finalización de los buenos oficios de la CIDH y la continuación del litigio del asunto por la vía contenciosa. Por el contrario, si se llega a un acuerdo, la CIDH lo homologa verificando que la víctima o sus familiares lo hayan consentido ay que se funde en el respeto de los derechos humanos reconocidos en la Convención Americana y otros instrumentos aplicables. Una vez hechas estas verificaciones, la Comisión emite un informe con la exposición de los hechos y la solución alcanzada, y lo publica. Ello tiene como efecto jurídico la finalización definitiva del trámite contencioso ante la CIDH.

---

[450] CIDH, Guía Práctica. Mecanismo de soluciones amistosas en el sistema de peticiones y casos, p. 11.

La Comisión supervisará mediante las medidas que estime oportunas los compromisos establecidos en el acuerdo de solución amistosa para garantizar su total cumplimiento. Esta supervisión puede ocurrir antes y/o después de la emisión del informe[451]. Para ello, la Comisión puede solicitar información a las partes y celebrar audiencias o reuniones, conforme lo establece el artículo 48.1 del Reglamento de la CIDH.

Vale destacar que –por medio de la Resolución 3/20[452]– la CIDH estableció que las partes contarán con un plazo de tres años, contado desde el inicio del procedimiento de solución amistosa, para negociar y suscribir el acuerdo. En caso de que no se cumpla ese plazo, la CIDH determinará el curso de acción, tras revisar si existen o no diálogos fluidos entre las partes y avances sustanciales en la negociación. Esta determinación del curso de acción puede consistir en la fijación de un plazo para avanzar en el proceso, o bien su eventual cierre.

En síntesis, los acuerdos de solución amistosa permiten a las partes concertar las reparaciones y la forma de cumplimiento de los compromisos pactados, siempre y cuando sean compatibles con las obligaciones internacionales del Estado en cuestión y demás estándares de derechos humanos. Este procedimiento reduce años de litigio y, según las circunstancias de cada caso, puede ser beneficioso para ambas partes.

---

[451]   *Ibid.*, p. 17.
[452]   CIDH, Resolución No. 3/2020, punto 1.

CONSIDERACIONES FINALES

El sistema de peticiones y casos de la Comisión Interamericana es una valiosa herramienta para acceder a la justicia no obtenida a nivel nacional por violaciones de derechos humanos. De ahí que el Sistema Interamericano complementa y es subsidiario a los recursos dispuestos en las legislaciones de los Estados miembros de la OEA. Desde la creación del Sistema, un número importante de víctimas y sus familiares han sido reconocidas y han obtenido reparaciones integrales tras varios años de lucha y reclamos internos.

La Convención Americana y el Reglamento de la Comisión Interamericana contemplan un proceso relativamente sencillo y rápido que, en principio, podría resolverse en meses. Pero en la práctica, debido principalmente al alto número de peticiones recibidas frente a las capacidades operativas de la CIDH, el proceso resulta ser más complejo y dura muchos años. Si bien en los últimos años la Comisión ha realizado importantes avances en pos de reducir su atraso procesal y la resolución de las peticiones en orden cronológico se ha vuelto una prioridad, reforzar estos avances continúa siendo un desafío. Al respecto, resulta relevante en la decisión de presentar o no una petición a la Comisión Interamericana el tiempo estimado para obtener una decisión de fondo.

No obstante, debe tenerse presente que, en muchas ocasiones, el solo hecho de presentar una petición a la CIDH puede ser una herramienta útil para víctimas de violaciones de derechos humanos. En ese sentido, el hecho de que un caso esté sometido al escrutinio de un órgano internacional de derechos humanos puede implicar una presión importante para las autoridades internas (en su carácter de principales garantes de derechos humanos).

Por ejemplo, la presentación de una petición a la Comisión Interamericana y su posterior traslado al Estado respectivo pueden favorecer el avance de procesos internos paralizados tras mucho tiempo, o que se reciban respuestas de entidades internas que no habían podido obtenerse antes. Incluso, la presentación de una petición en algunos casos puede tener valor en medios de comunicación y en los tribunales internos. Además, el sistema de peticiones y casos también plantea la posibilidad para las víctimas de negociar con los Estados acuerdos de solución amistosa fundados en el respeto de sus derechos humanos, que reducen sustantivamente el tiempo estimado para obtener justicia y reparación.

Más allá de los aspectos sustantivos y procesales pertinentes, la presentación de una petición individual a la CIDH lleva implícita para las víctimas de violaciones de derechos humanos la esperanza de obtener, a nivel internacional, la justicia independiente, imparcial y oportuna que no pudo lograrse a nivel nacional.

El primer desafío en la búsqueda de esa justicia interamericana es preparar y presentar una petición individual adecuada, en los términos arriba explicados. Hay otros importantes desafíos ulteriores, incluyendo el tiempo que se toma obtener una decisión sobre la admisibilidad y sobre el fondo por parte de la Comisión Interamericana. No obstante, esos desafíos únicamente se darán si la petición recibe una decisión favorable de trámite inicial por parte de la CIDH.

Este Manual pretende ser una herramienta útil para que esa esperanza de justicia logre ser concretada ante la Comisión Interamericana, que a su vez tiene el desafío de tratar de dar respuesta oportuna a los miles de víctimas que acuden regularmente a tal institución en busca de justicia.

BIBLIOGRAFÍA

Tratados y declaraciones:

Carta de la Organización de los Estados Americanos, 30/04/1948, Bogotá, Colombia, e.v. 13/12/1951.

Convención Americana sobre Derechos Humanos, 22/11/1969, San José, Costa Rica, e.v. 18/07/1978.

Convención de Viena sobre el Derecho de los Tratados, 23/05/1969, Viena, Austria, e.v. 27/01/1980.

Convención Interamericana contra el Racismo, la Discriminación Racial y Formas Conexas de Intolerancia, 05/06/2013, La Antigua, Guatemala, e.v. 11/11/2017.

Convención Interamericana para Prevenir, Sancionar y Erradicar la Violencia contra la Mujer (Convención "Belem do Pará"), 09/06/1994, Belem do Pará, Brasil, e.v. 05/03/1995.

Convención Interamericana sobre la Protección de los Derechos de las Personas Mayores, 15/06/2015, Washington D.C., Estados Unidos, e.v. 11/01/2017.

Declaración Americana de los Derechos y Deberes del Hombre, 1948, Bogotá, Colombia, IX Conferencia Internacional Americana. Protocolo Adicional a la Convención Americana sobre Derechos Humanos en materia de Derechos Económicos, Sociales y Culturales ("Protocolo de San Salvador"), 17/11/1988, San Salvador, El Salvador, e.v. 16/11/1999.

Estatutos y reglamentos:

Asamblea General de la Organización de Estados Americanos, Resolución N° 447 (IX-O/79), Estatuto de la Comisión Interamericana de Derechos Humanos, 31/10/1979.

——, Resolución N° 448, Estatuto de la Corte Interamericana de Derechos Humanos, 10/1979.

Asociación Interamericana de Defensorías Públicas, Reglamento Unificado de la AIDEF ante la Comisión y Corte Interamericana de Derechos Humanos, 24/10/22.

Comisión Interamericana de Derechos Humanos, Reglamento de la Comisión Interamericana de Derechos Humanos sobre el Fondo de Asistencia Legal del Sistema Interamericano de Derechos Humanos, 1/03/2011.

——, Reglamento de la Comisión Interamericana de Derechos Humanos, aprobado por la Comisión en su 137° período ordinario de sesiones, celebrado del 28 de octubre al 13 de noviembre de 2009 y modificado el 2 de septiembre de 2011 y en su 147° período ordinario de sesiones, celebrado del 8 al 22 de marzo de 2013.

Corte Interamericana de Derechos Humanos, Reglamento de la Corte Interamericana de Derechos Humanos, aprobado por la Corte en su LXXXV Período Ordinario de Sesiones, celebrado del 16 al 28 de noviembre de 2009.

Casos contenciosos y opiniones consultivas de la Corte IDH:

Corte Interamericana de Derechos Humanos, "Caso 'Instituto de Reeducación del Menor' vs. Paraguay. Excepciones Preliminares, Fondo, Reparaciones y Costas", 2/09/2004, Serie C No. 112.

——, "Caso 19 Comerciantes vs. Colombia. Fondo, Reparaciones y Costas", 5/07/2004, Serie C No. 109.

——, "Caso Acevedo Buendía y otros ('Cesantes y Jubilados de la Contraloría') vs. Perú. Excepción Preliminar, Fondo, Reparaciones y Costas", 1/07/2009, Serie C No. 198.

——, "Caso Acosta y otros vs. Nicaragua. Excepciones Preliminares, Fondo, Reparaciones y Costas", 25/03/2017, Serie C No. 334.

——, "Caso Almonacid Arellano y otros vs. Chile. Excepciones Preliminares, Fondo, Reparaciones y Costas", 26/09/2006, Serie C No. 154.

——, "Caso Aloeboetoe y otros vs. Surinam. Reparaciones", 10/09/1993, Serie C No. 15.

——, "Caso Alvarado Espinoza y otros vs México. Fondo, Reparaciones y Costas", 28/11/2018, Serie C No. 370.

——, "Caso Andrade Salmón vs. Bolivia. Fondo, Reparaciones y Costas", 1/12/2016, Serie C No. 330.

——, "Caso Artavia Murillo y otros ('Fecundación in vitro') vs. Costa Rica. Excepciones Preliminares, Fondo, Reparaciones y Costas", 28/11/2012, Serie C No. 257.

——, "Caso Atala Riffo y niñas vs. Chile. Fondo, Reparaciones y Costas", 24/02/2012, Serie C No. 239.

——, "Caso Baena Ricardo y otros vs. Panamá. Fondo, Reparaciones y Costas", 2/02/2001, Serie C No. 72.

——, "Caso Bámaca Velásquez vs. Guatemala. Fondo", 25/11/2000, Serie C No. 70.

——, "Caso Barrios Altos vs. Perú. Fondo", 14/03/2001, Serie C No. 75.

——, "Caso Cabrera García y Montiel Flores vs. México. Excepción Preliminar, Fondo, Reparaciones y Costas", 26/11/2010, Serie C No. 220.

——, "Caso Cantoral Benavides vs. Perú. Fondo", 18/08/2000, Serie C No. 69.

——, "Caso Chinchilla Sandoval y otros vs. Guatemala. Excepción Preliminar, Fondo, Reparaciones y Costas", 29/02/2016, Serie C No. 312.

——, "Caso Colindres Schonenberg vs. El Salvador. Fondo, Reparaciones y Costas", 4/02/2019.

——, "Caso Comunidad Indígena Sawhoyamaxa vs. Paraguay. Fondo, Reparaciones y Costas", 29/03/2006, Serie C No. 146.

——, "Caso Comunidad Yakye Axa vs. Paraguay. Fondo, Reparaciones y Costas", 17/06/2005, Serie C No. 126.

——, "Caso Comunidades Indígenas Miembros de la Asociación Lhaka Honhat (Nuestra Tierra) vs. Argentina. Fondo, Reparaciones y Costas", 6/02/2020, Serie C No. 400.

——, "Caso Cuscul Pivaral y otros vs. Guatemala. Excepción Preliminar, Fondo, Reparaciones y Costas", 23/08/2018, Serie C No. 359.

——, "Caso de la 'Masacre de Mapiripán' vs. Colombia", 15/19/2005, Serie C No. 134.

——, "Caso de la Comunidad Mayagna (Sumo) Awas Tingni vs. Nicaragua. Fondo, Reparaciones y Costas", 31/08/2001, Serie C No. 79.

——, "Caso de la Comunidad Moiwana vs. Surinam. Excepciones Preliminares, Fondo, Reparaciones y Costas", 15/06/2005, Serie C No 124.

——, "Caso de la Cruz Flores vs. Perú. Fondo, Reparaciones y Costas", 18/11/2004, Serie C No. 115.

——, "Caso de la Masacre de las Dos Erres vs. Guatemala. Excepción Preliminar, Fondo, Reparaciones y Costas", 24/11/2009, Serie C No. 211.

——, "Caso de la Masacre de Pueblo Bello vs. Colombia", 31/01/2006, Serie C No. 140.

——, "Caso de las comunidades afrodescendientes desplazadas de la Cuenca del Río Cacarica ('Operación Génesis') vs. Colombia. Excepciones Preliminares, Fondo, Reparaciones y Costas", 20/11/2013, Serie C No. 270.

——, "Caso de las Masacres de Ituango vs. Colombia", 1/07/2006, Serie C No. 148.

——, "Caso de las Niñas Yean y Bosico vs. República Dominicana", 8/09/2005, Serie C No. 130.

——, "Caso de los "Niños de la Calle" (Villagrán Morales y otros) vs. Guatemala. Fondo", 19/11/1999, Serie C No. 63.

——, "Caso de personas dominicanas y haitianas expulsadas vs. República Dominicana. Excepciones Preliminares, Fondo, Reparaciones y Costas", 28/08/2014, Serie C No. 282.

——, "Caso Defensor de Derechos Humanos y otro vs. Guatemala. Excepciones Preliminares, Fondo, Reparaciones y Costas", 28/08/2014, Serie C No. 28.

——, "Caso del Tribunal Constitucional vs. Ecuador. Excepciones Preliminares, Fondo, Reparaciones y Costas", 28/09/2013, Serie C No. 268.

——, "Caso Díaz Peña vs. Venezuela. Excepción Preliminar, Fondo, Reparaciones y Costas", 26/06/2012, Serie C No. 24.

——, "Caso Duque vs. Colombia. Excepciones Preliminares, Fondo, Reparaciones y Costas", 26/02/2016, Serie C No. 310.

——, "Caso Escher y otros vs. Brasil. Excepciones Preliminares, Fondo, Reparaciones y Costas", 06/07/2009, Serie C No. 200.

——, "Caso Espinoza Gonzáles vs. Perú. Excepciones Preliminares, Fondo, Reparaciones y Costas", 20/11/2014, Serie C No. 289.

——, "Caso Extrabajadores del Organismo Judicial vs. Guatemala. Excepciones Preliminares, Fondo y Reparaciones", 17/11/2021, Serie C No.445.

——, "Caso Favela Nova Brasília vs. Brasil. Excepciones Preliminares, Fondo, Reparaciones y Costas", 16/02/2017, Serie C No. 333.

——, "Caso Fermín Ramírez vs. Guatemala. Fondo, Reparaciones y Costas", 20/06/2005, Serie C No. 126.

——, "Caso Fernández Ortega y otros vs. México. Excepción Preliminar, Fondo, Reparaciones y Costas", 30/08/2010, Serie C No. 215.

——, "Caso Furlan y familiares vs. Argentina. Excepciones Preliminares, Fondo, Reparaciones y Costas", 31/08/2012, Serie C No. 246.

——, "Caso Garrido y Baigorria vs. Argentina. Reparaciones y Costas", 27/08/1998, Serie C No. 39.

——, "Caso Gelman vs. Uruguay. Fondo y Reparaciones", 24/02/2011, Serie C No. 221.

——, "Caso Genie Lacayo vs. Nicaragua. Fondo, Reparaciones y Costas", 29/01/1997, Serie C No. 30.

——, "Caso Gonzales Lluy y otros vs. Ecuador. Excepciones Preliminares, Fondo, Reparaciones y Costas", 1/09/2015, Serie C No. 298.

——, "Caso González y otras ('Campo Algodonero') vs. México. Excepción Preliminar, Fondo, Reparaciones y Costas", 16/11/2009, Serie C No. 205.

——, "Caso Granier y otros ('Radio Caracas Televisión') vs. Venezuela. Excepciones Preliminares, Fondo, Reparaciones y Costas", 22/06/2015, Serie C No. 293.

——, "Caso Guzmán Albarracín y otras vs. Ecuador. Fondo, Reparaciones y Costas", 24/06/2020, Serie C No. 405.

——, "Caso Heliodoro Portugal vs. Panamá. Excepciones Preliminares, Fondo, Reparaciones y Costas", 12/08/2008, Serie C No. 186.

——, "Caso Huilca Tecse vs. Perú. Fondo, Reparaciones y Costas", 3/03/2005, Serie C No. 121.

——, "Caso I.V. vs. Bolivia. Excepciones Preliminares, Fondo, Reparaciones y Costas", 30/11/2016, Serie C No. 329.

——, "Caso Ivcher Bronstein vs. Perú. Fondo, Reparaciones y Costas". Sentencia de 6 de febrero de 2001. Serie C No. 74.

——, "Caso Juan Humberto Sánchez vs. Honduras. Excepción Preliminar, Fondo, Reparaciones y Costas", 7/06/2003, Serie C No. 99.

——, "Caso Kawas Fernández vs. Honduras. Fondo, Reparaciones y Costas", 3/04/2009, Serie C No. 196.

——, "Caso La Cantuta vs. Perú. Fondo, Reparaciones y Costas", 29/11/2006, Serie C No. 162.

——, "Caso Lagos del Campo vs. Perú. Excepciones Preliminares, Fondo, Reparaciones y Costas", 31/08/2017, Serie C No. 340.

——, "Caso Loayza Tamayo vs. Perú. Fondo", 17/09/1997, Serie C No. 33.

——, "Caso Loayza Tamayo vs. Perú. Reparaciones", 27/11/1998, Serie C No. 42.

——, "Caso López Álvarez vs. Honduras. Fondo, Reparaciones y Costas", 1/02/2006, Serie C No. 141.

——, "Caso López Lone y Otros vs. Honduras. Excepción Preliminar, Fondo, Reparaciones y Costas", 5/10/2015, Serie C No. 305.

——, "Caso Maldonado Ordóñez, vs. Guatemala, Excepción Preliminar, Fondo, Reparaciones y Costas", 3/05/2016, Serie C No. 311.

——, "Caso Manuela y otros vs. El Salvador. Excepciones Preliminares, Fondo, Reparaciones y Costas", 2/11/2021, Serie C No. 441.

——, "Caso Mémoli vs. Argentina. Excepciones Preliminares, Fondo, Reparaciones y Costas", 22/08/2013, Serie C No. 265.

——, "Caso Miembros de la Aldea Chichupac y comunidades vecinas del Municipio de Rabinal vs. Guatemala. Excepciones Preliminares, Fondo, Reparaciones y Costas", 30/11/2016, Serie C No. 328.

——, "Caso Mina Cuero Vs. Ecuador. Excepción Preliminar, Fondo, Reparaciones y Costas", 7/09/2022, Serie C No. 464.

——, "Caso Molina Theissen vs. Guatemala. Fondo", 4/05/2004, Serie C No. 106.

——, "Caso Muelle Flores vs. Perú. Excepciones Preliminares, Fondo, Reparaciones y Costas", 6/03/2019, Serie C No. 375

——, "Caso Mujeres Víctimas de Tortura Sexual en Atenco vs. México". Excepción Preliminar, Fondo, Reparaciones y Costas. Sentencia de 28 de noviembre de 2018. Serie C No. 371.

——, "Caso Myrna Mack Chang vs. Guatemala. Fondo, Reparaciones y Costas", 25/11/2003, Serie C No. 101.

——, "Caso Neira Alegría y otros vs. Perú. Excepciones Preliminares", 11/12/1991, Serie C No. 13.

——, "Caso Norín Catrimán y otros ('Dirigentes, miembros y activista del Pueblo Indígena Mapuche') vs. Chile", 29/05/2014, Serie C No. 279.

——, "Caso Olmedo Bustos y otros ('La Última Tentación de Cristo') vs. Chile. Fondo, Reparaciones y Costas", 5/02/2001, Serie C No. 73.

——, "Caso Pacheco Teruel y otros vs. Honduras. Fondo, Reparaciones y Costas", 27/04/2012, Serie C No. 241.

——, "Caso Palamara Iribarne vs. Chile. Fondo, Reparaciones y Costas", 22/11/2005, Serie C No. 135.

——, "Caso Paniagua Morales ('Panel Blanca') y otros vs. Guatemala. Fondo". 8/03/1998, Serie C No. 37.

——, "Caso Pavez Pavez vs. Chile. Fondo, Reparaciones y Costas", 4/02/2022, Serie C No. 449.

——, "Caso Perozo y otros vs. Venezuela. Excepciones preliminares, Fondo, Reparaciones y Costas", 28/01/2009, Serie C No. 195.

——, "Caso Poblete Vilches y otros vs. Chile. Fondo, Reparaciones y Costas", 8/03/2018, Serie C No. 349.

——, "Caso Radilla Pacheco vs. México. Excepciones Preliminares, Fondo, Reparaciones y Costas", 23/11/2009, Serie C No. 209.

——, "Caso Ríos y otros vs. Venezuela. Excepciones Preliminares, Fondo, Reparaciones y Costas", 28/01/2009, Serie C No.194.

——, "Caso Rosendo Cantú y otra vs. México. Excepción Preliminar, Fondo, Reparaciones y Costas", 31/08/2010, Serie C No. 216.

——, "Caso San Miguel Sosa y Otras vs. Venezuela. Fondo, Reparaciones y Costas", 8/02/2018, Serie C No. 348.

——, "Caso Suárez Peralta vs. Ecuador. Excepciones Preliminares, Fondo, Reparaciones y Costas", 21/05/2013, Serie C No. 261.

——, "Caso Tarazona Arrieta y otros vs. Perú. Excepción Preliminar, Fondo, Reparaciones y Costas", 15/10/2014, Serie C No. 286.

——, "Caso Tenorio Roca y otros vs. Perú. Excepciones Preliminares, Fondo, Reparaciones y Costas", 22/06/2016, Serie C No. 314.

——, "Caso Trabajadores Cesados de Petroperú y Otros Vs. Perú. Excepciones Preliminares, Fondo, Reparaciones y Costas", 23/11/2017, Serie C No. 344.

——, "Caso Trabajadores de la Hacienda Brasil Verde vs. Brasil. Excepciones Preliminares, Fondo, Reparaciones y Costas", 20/10/2016, Serie C No. 318.

——, "Caso Trujillo Oroza vs. Bolivia. Fondo", 26/01/2000, Serie C No. 64.

——, "Caso Usón Ramírez vs. Venezuela. Excepción preliminar, Fondo, Reparaciones y Costas", 20/11/2009, Serie C No. 207.

——, "Caso Velásquez Rodríguez vs. Honduras. Fondo", 29/07/1988, Serie C No. 4.

——, "Caso Vélez Loor vs. Panamá. Excepciones Preliminares, Fondo, Reparaciones y Costas", 23/11/2010, Serie C No. 218.

——, "Caso Veliz Franco y otros vs. Guatemala. Excepciones Preliminares, Fondo, Reparaciones y Costas", 19/05/2014, Serie C No. 277.

——, "Caso Yatama vs. Nicaragua. Excepciones Preliminares, Fondo, Reparaciones y Costas", 23/06/2005, Serie C No. 127.

——, "Caso Zegarra Marín vs. Perú. Excepciones Preliminares, Fondo, Reparaciones y Costas", 15/02/2017. Serie C No. 331.

——, Opinión Consultiva No. 10/89, Interpretación de la Declaración Americana de los Derechos y Deberes del Hombre en el marco del artículo 64 de la Convención Americana sobre Derechos Humanos, 14/07/1989, Serie A No. 10.

——, Opinión Consultiva No. 16/99, El derecho a la información sobre la asistencia consular en el marco de las garantías del debido proceso legal, 1/10/1999, Serie A No. 16.

——, Opinión Consultiva No. 2/82, El efecto de las reservas sobre la entrada en vigencia de la Convención Americana sobre Derechos Humanos, 24/08/1982, Serie A No. 2.

——, Opinión Consultiva No. 22/16, Titularidad de derechos de las personas jurídicas en el sistema interamericano de derechos humanos, 26/02/2016, Serie A No. 22.

——, Opinión Consultiva No. 23/17, Medio ambiente y derechos humanos, 15/11/2017, Serie A No. 23.

——, Opinión Consultiva No. 26/20, La denuncia de la Convención Americana sobre Derechos Humanos y de la Carta de la Organización de los Estados Americanos y sus efectos sobre las obligaciones estatales en materia de derechos humanos, 9/11/2020, Serie A No. 26.

——, Opinión Consultiva No. 3/83, Restricciones a la pena de muerte, 8/09/1983, Serie A No. 3.

——, Opinión Consultiva No. 9/87, Garantías judiciales en estados de emergencia, 6/10/1987, Serie A No. 9.

——, Opinión Consultiva No. 20/09, Artículo 55 de la Convención Americana de Derechos Humanos, 29/09/2009, Serie A No. 20.

Informes de admisibilidad, inadmisibilidad y fondo de la CIDH:

CIDH, "A.G.A. y familiares. Colombia", 26/12/2018, Informe No. 180/18, Petición 1616-07.

——, "Adolescentes condenados a cadena perpetua sin libertad condicional. Estados Unidos", 20/04/2012, Informe No. 18/12, Petición 161-06.

——, "Alejandro Fernando Aguilera Mendieta y otros. México", 5/12/2018, Informe No. 52/18, Petición 253-10.

——, "Amilcar Menéndez, Juan Manuel Caride y otros (Sistema de Seguridad Social). Argentina", 19/01/2001, Informe No. 03/01, Caso 11.670.

——, "Almir Muniz Da Silva. Brasil", 30/12/2016, Informe No. 78/16, Petición 1170-09.

——, "Ana Luisa Ontiveros López. México", 27/01/2017, Informe No. 18/17, Petición 267-07.

——, "Andy Williams Garcés Suárez y familia. Perú", 30/11/2017, Informe No. 161/17, Petición 29-07.

——, "Aristeu Guida da Silva y familia. Brasil", 13/04/2016, Informe No. 7/16, Caso 12.213.

——, "Armando Martínez Salgado y familia. México", 29/06/2018, Informe No. 79/18, Petición 1098-08.

——, "Carlos Alberto López Urquía. Honduras", 24/10/2005, Informe No. 83/05, Petición 97-04.

——. "Linda Loaiza López Soto y familiares. Venezuela", 29/07/2016, Caso 12.797.

——, "Cecilia Rosana Núñez Chipana. Venezuela", 24/10/2005, Informe No. 89/05, Petición 12.103.

——, "Comunidad de Paz San José de Apartadó. Colombia", 6/12/2016, Informe No. 61/16, Petición 12.325.

——, "Comunidades del Bajo y Medio Atrato Chocoano y Antioqueño. Colombia", 22/07/2016, Informe No. 30/16, Petición 554-03.

——, "Comunidad Garífuna Punta Piedra y sus miembros. Honduras", 24/03/2010, Informe No. 63/10, Petición 1119-03.

——, "Comunidad Q'oq'ob del Municipio de Santa María Nebaj. Guatemala", 6/12/2016, Informe No. 71/16, Petición 765-09.

——, "Djamel Amezaine. Estados Unidos.", 20/03/2012, Informe No. 17/12.

——, "Edgar Tamayo Arias. Estados Unidos", 17/07/2012, Informe No. 73/12, Petición 15-12.

——, "Enrique Alberto Elías Waiman. Argentina", 20/11/2018, Informe No. 135/18. Petición 1045-07.

——, "Eustaquio Yauli Huaman. Perú", 24/03/1988, Informe No. 7/88, Caso 9504.

——, "Eva Cristina Allan Ramos. Ecuador", 27/01/2017, Informe No. 16/17, Petición 101-03.

——, "Franklin Guillermo Aisalla Molina. Ecuador-Colombia", 21/10/2010, Informe No. 112/10, Petición PI-02.

——, "Gonzalo Orlando Cortez Espinoza. Ecuador", 1/11/2011, Informe No. 148/11, Caso 12.268.

——, "Gustavo Trujillo González. Perú", 22/10/2003, Informe No. 90/03, Petición 0581/99.

——, "Habitantes del conjunto habitacional 'Barão de Mauá'. Brasil". 17/07/2012, Informe No. 71/12, Petición 1073-05.

——, "H.O.V.T. y otros. Guatemala", 6/12/2016, Informe No. 74/16, Petición 568-06.

——, "Hugo Armendáriz. Estados Unidos", 20/07/2006, Informe No. 57/06, Petición 526-03.

——, "Hugo Humberto Ruiz Fuentes. Guatemala", 5/03/2008, Informe No. 14/08, Petición 652-04.

——, "Inés Yadira Cubero González. Honduras", 15/08/2014, Informe No. 77/14, Petición 140-05.

——, "Javier Rodríguez Baena y familia. Colombia", 27/01/2017, Informe No. 13/17. Petición 1194-08.

——, "Jesús Tranquilino Vélez Loor. Panamá", 23/10/2006, Informe No. 95/06, Petición 92-04.

——, "Jorge Marcial Tzompaxtle Tecpile y otros. México", 27/10/2015, Informe No. 67/15, Petición 211-07.

——, "Jorge Vásquez Durand y familia. Ecuador", 23/03/2015, Informe No. 12/15, Caso 11.458.

——, "José Isabel Salas Galindo y otros. Estados Unidos", 5/10/2018, Informe No. 121/18, Caso 10.573,

——, "José Rubián Gómez Martínez, Rolfe Arialdo Figueredo Martínez, Miguel Novoa Martínez, Alcira Martínez Álvarez y Familias. Colombia", 27/01/2017, Informe No. 14/17, Petición 1197-08.

——, "José Rusbel Lara y otros. Colombia", 21/03/2017, Informe No. 35/17, Caso 12.713.

———, "José Tomás Tenorio Morales y otros. Nicaragua", 11/09/2016, Informe No. 41/16, Petición 142-04.

———, "Khaled El-Masri. Estados Unidos", 15/04/2016, Informe No. 21/16, Petición 419-08.

———, "Linda Loaiza López Soto y familiares. Venezuela", 29/07/2016, Informe No. 33/16, Caso 12.797.

———, "Luis Alexsander Santillán Hermoza. Perú", 15/04/2016, Informe No. 27/16, Petición 30-04.

———, "Luis Fernando Cano Martínez y familia. Colombia", 27/01/2017, Informe No. 12/17, Petición 972-08.

———, "Luis Fernando Leyva Micolta. Colombia", 25/05/2017, Informe No. 48/17, Petición 338-07.

———, "Manuela y familia. El Salvador", 18/03/2017, Informe No. 29/17, Petición 424-12.

———, "María Eugenia Morales de Sierra. Guatemala", 19/01/2001, Informe No. 28/98. Caso 11.625.

———, "Marcel Granier y otros. Venezuela", 9/11/2012, Informe No. 112/12, Caso 12.828.

———, "María da Penha Maia Fernández. Brasil", 16/04/2001, Informe No. 54/01, Caso 12.051.

———, "María Hilaria González Sierra y otros. Colombia", 27/01/2017, Informe No. 11/17, Petición 946-08.

———, "Mario Francisco Tadic Astorga y otros. Bolivia", 24/02/2018, Informe No. 6/18, Petición 1172-09.

———, "Mario Roberto Chang Bravo. Guatemala", 24/07/2008, Informe No. 57/08, Petición 283-06. Inf.

———, "Marisa Andrea Romero y R.B.L. Argentina", 6/12/2016, Informe No. 54/16, Petición 223-01.

———, "Marlin Gray. Estados Unidos de América.", 31/12/2021, Informe No. 462/21, Caso 12.505.

———, "Maurilia Coc Max y otros ('Masacre de Xamán'). Guatemala". 10/06/2016, Informe No. 28/16, Caso 11.550.

——, "Miguel Ángel Larios Ugalde. Costa Rica", 27/01/2017, Informe No. 15/17, Petición 358-07.

——, "Milton García Fajardo y otros. Nicaragua", 11/10/2001, Informe No. 100/01, Caso 11.381.

——, "Néstor José Uzcátegui y otros. Venezuela", 24/07/2008, Informe No. 50/08. Petición 298-07.

——, "Nitza Paola Alvarado Espinoza, Rocío Irene Alvarado Reyes, José Ángel Alvarado Herrera y otros. México", 13/04/2016, Informe No. 3/16, Caso 12.916.

——, "Norberto Javier Restrepo. Colombia", 14/06/2019, Informe No. 96/19, Caso 11.726.

——, "Onofre Antonio De La Hoz Montero y familia. Colombia", 6/12/2016, Informe No. 72/16, Petición 694-06.

——, "Orosmán Marcelino Cabrera Barnés. México", 26/10/2017, Informe No. 146/17, Petición 296-07.

——, "Pedro Roselló y otros. Estados Unidos", 27/01/2017, Informe No. 17/17, Petición 1105-06.

——, "Pueblos Mayas y miembros de las comunidades de Cristo Rey, Belluet Tree, San Ignacio, Santa Elena y Santa Familia. Belice", 27/10/2015, Informe No. 64/15, Petición P-633-04.

——, "Rodolfo David Piñeyro Ríos. Argentina", 12/03/2017, Informe No. 20/17, Petición 1500-08.

——, "Rómulo Rubén Palma Rodríguez. Perú", 5/05/2018, Informe No. 58/18, Petición 1434-08.

——, "Rosa Ángela Martino y María Cristina González. Argentina", 7/07/2017, Informe No. 82/17, Petición 1067-07.

——, "Saulo Arboleda Gómez. Colombia", 6/12/2016, Informe No. 62/16, Petición 4449-02.

——, "Tamara Adrián Hernández. Venezuela", 6/12/2016 Informe No. 66/16, Petición 824-12.

——, "Trabajadores del Sindicato de Trabajadores de la Federación Nacional de Cafeteros de Colombia. Colombia", 14/03/2015, Informe No. 15/15, Petición 374-05.

——, "Trabajadores despedidos de Petróleos Del Perú (Petroperú) Zona Noroeste-Talara. Perú", 24/07/2008, Informe No. 56/08, Caso 11.602.

——, "Víctor Alfredo Polay Campos. Perú", 10/03/2000, Informe No. 32/00, Caso11.048.

——, "Victoria Piedad Palacios Tejada de Saavedra. Perú", 24/02/2018, Informe No. 16/18, Petición 884-07.

——, "Victorio Spoltore. Argentina", 5/07/2017, Informe No. 74/17, Caso 12.656.

——, "Víctor Manuel Isaza Uribe y Familia. Colombia", 21/07/2015, Informe No. 25/15, Caso 10.737.

——, "Vinicio Antonio Poblete Vilches y familiares. Chile", 13/04/2016, Informe No. 1/16, Caso 12695.

——, "William Fernández Becerra y familia. Colombia", 27/01/2017, Informe No. 10/17, Petición 864-08.

——, "William Gómez Vargas. Costa Rica", 31/03/2011, Informe No. 72/11, Petición 1164-05.

——, "Williams Mariano Paría Tapia. Perú", 7/09/2017, Informe No. 122/17, Petición 156-08.

Resoluciones y otros documentos de la CIDH:

CIDH, En defensa de los derechos humanos: folleto informativo, 2009.

——, OEA/Ser.L/V/I.3, Guía Práctica. Mecanismo de soluciones amistosas en el sistema de peticiones y casos.

——, OEA/Ser.L/V/II.132/Doc.14, Lineamientos para la Elaboración de Indicadores de Progreso en Materia de Derechos Económicos, Sociales y Culturales, 19/07/2008.

——, OEA/Ser.L/V/II.143/Doc.59, El trabajo, la educación y los recursos de las mujeres: La ruta hacia la igualdad en la garantía de los derechos económicos, sociales y culturales, 3/11/2001.

——, OEA/Ser.L/V/II.161/Doc.27/17, Plan Estratégico 2017-2021: Aprobado por la Comisión Interamericana durante su 161° periodo de sesiones, 20/03/2017.

——, OEA/Ser.L/V/II.171/Doc.31, Compendio sobre Igualdad y no discriminación. Estándares Interamericanos, 12/02/2019.

——, OEA/Ser.L/V/II.173/Doc.177, Directrices generales de seguimiento de recomendaciones y decisiones de la Comisión Interamericana de Derechos Humanos, 30/11/2019.

——, OEA/Ser.L/V/II.50, Informe Anual 1979-1980, 2/10/1980.

——, OEA/Ser.L/V/II/Doc.20, Digesto sobre decisiones de admisibilidad y competencia de la Comisión Interamericana de Derechos Humanos, 4/04/2020.

——, OEA/Ser.L/V/II/Doc.236, Corrupción y Derechos Humanos: Estándares Interamericanos, 6/12/2019.

——, OEA/Ser.L/V/II/Doc.50, Informe Anual 2022, 1/04/2023.

——, OEA/Ser.L/V/II/Doc.64, Informe Anual 2021, 26/05/2022.

——, Resolución 1/2013, Reforma del Reglamento, Políticas y Prácticas, 18/03/2013.

——, Resolución 1/2019, Revisión Inicial de Peticiones, 29/10/2019.

——, Resolución 2/2020, Fortalecimiento del seguimiento de medidas cautelares vigentes, 15/04/2020.

——, Resolución 28/2014, Estudiantes de la escuela rural Raúl Isidro Burgos respecto del Estado de México, 3/10/14, Medida Cautelar No. 409-14.

——, Resolución 3/2018, Fortalecimiento al trámite de solicitudes de medidas cautelares, 10/05/2018.

——, Resolución 42/16, Seguimiento de la medida cautelar No. 409-14, 29/07/2016.

——, Resolución 94/2020, Miembros del Pueblo Indígena Munduruku respecto de Brasil, 11/12/2020, Medida Cautelar No. 679-20.

——, Sistema de peticiones y casos: folleto informativo, 2010.

Doctrina:

ABRAMOVICH, Víctor & COURTIS, Christian, "Apuntes sobre la exigibilidad judicial de los derechos sociales", en COURTIS, Christian & ÁVILA SANTAMARIA, Ramiro (eds.), *La protección judicial de los derechos sociales*, 1ª ed., Ministerio de Justicia y Derechos Humanos, 2009, Quito.

——, "Hacia la exigibilidad de los derechos económicos, sociales y culturales. Estándares internacionales y criterios de aplicación ante los tribunales locales", en ABREGÚ, Martín & COURTIS, Christian (comps.), *La aplicación de los tratados sobre derechos humanos por los tribunales locales*, Centro de Estudios Legales y Sociales, 1997, Buenos Aires.

——, *Los derechos sociales como derechos exigibles*, Trotta, 2002, Madrid.

AGUIAR, Asdrúbal, "La Responsabilidad Internacional del Estado por Violación de Derechos Humanos", en CERDAS CRUZ, Rodolfo & NIETO LOAIZA, Rafael (comps.), *Estudios Básicos de Derechos Humanos I,* Instituto Interamericano de Derechos Humanos, 1994, San José.

ALONSO, Tomás, "Declaración Americana de los Derechos y Deberes del Hombre. El derecho a la vida, seguridad e integridad personal de los privados de libertad", en *Revista Electrónica Iberoamericana*, Vol. 13, Núm. extraordinario 3, 2019, pp. 84-107.

ALSTON, Philip & GOODMAN, Ryan, *International Human Rights. The successor to international human rights in context*, Oxford University Press, 2012, Oxford.

ARÉVALO NARVÁEZ, Carlos & PATARROYO RAMÍREZ, Andrea, "Treaties over Time and Human Rights: A Case Law Analysis of the Inter-American Court of Human Rights", en *Anuario Colombiano de Derecho Internacional*, Vol. 10, 2017, pp. 295-331.

Asociación Interamericana para la Defensa Ambiental, *Guía de Defensa Ambiental. Construyendo la estrategia para el litigio de casos ante el Sistema Interamericano de Derechos Humanos*, AIDA, 2008, México.

AYALA CORAO, Carlos, "Breves reflexiones sobre el litigio ante la Corte IDH y los avances en su jurisprudencia", en Corte Interamericana de Derechos Humanos & Instituto de Estudios Constitucionales del Estado de Querétaro, *Éxitos y Desafíos en los Sistemas Regionales de Derechos Humanos, 40 aniversario de la entrada en vigor de la Convención Americana sobre Derechos Humanos y de la creación de la Corte Inter americana de Derechos Humanos. Seminario internacional*, 2022, Querétaro.

——, *Del amparo constitucional al amparo interamericano como institutos para la protección de los derechos humanos*, Instituto Interamericano de Derechos Humanos/Editorial Jurídica Venezolana, 1998, Caracas/San José.

BARRETO, Maia & CÁRDENAS, Edurne & CERQUEIRA, Daniel y otros/as, *Desafíos del sistema interamericano de derechos humanos. Nuevos tiempos, viejos retos*, 1ª ed., Dejusticia, 2015, Ciudad de México.

BELOFF, Mary & CLÉRICO, Laura, "Derecho a condiciones de existencia digna y situación de vulnerabilidad en la jurisprudencia de la Corte Interamericana", en *Estudios Constitucionales*, Año 14, Nº 1, 2016, pp. 139-178.

BERISTAIN, Carlos Martín, *Diálogos sobre la reparación. Qué reparar en los casos de violaciones de derechos humanos*, Ministerio de Justicia y Derechos Humanos, 2009, Quito.

BOTERO MARINO, Catalina & GUZMÁN RODRÍGUEZ, Diana Esther, *El Sistema de los derechos. Guía práctica del Sistema Internacional de Protección de los Derechos Humanos*, 1ª ed., Dejusticia, 2008.

BOVINO, Alberto, "La actividad probatoria ante la Corte Inter americana de Derechos Humanos", en *Sur,* Nº 3, Año 2, 2005, pp. 61-83.

BUERGENTHAL, Thomas, "La relación conceptual y normativa entre la Declaración Americana y la Convención Americana sobre Derechos Humanos", *en Revista IIDH*, Núm. Especial, 1989, pp. 111-119.

——, "The Revised OAS Charter and the Protection of Human Rights", en *The American Journal of International Law*, Vol. 69, Núm. 4, 1975, pp. 828-836.

CANÇADO TRINDADE, Antônio Augusto, "Las cláusulas pétreas de la protección internacional del Ser Humano: El acceso directo de los individuos a la justicia a nivel internacional y la intangibilidad de la jurisdicción obligatoria de los Tribunales Internacionales de Derechos Humanos", en *Memoria del Seminario. El Sistema Interamericano de Protección de Derechos Humanos en el Umbral del Siglo XXI*, 2ª ed., Corte Interamericana de Derechos Humanos, 1999, San José.

Centro por la Justicia y el Derecho Internacional, *Apuntes sobre las reformas al reglamento de la Comisión Interamericana de DD.HH.: Cambios derivados del Proceso de Reflexión 2011/2013*, CEJIL, 2013, Buenos Aires.

——, *Debida diligencia en la investigación de graves violaciones a derechos humanos*, CEJIL, 2010, Buenos Aires.

——, *Guía para defensores y defensoras de Derechos Humanos. La protección de los Derechos Humanos en el Sistema Inter americano*, 2ª ed., CEJIL, 2012, Buenos Aires.

——, *Guía para recopilar información que respalde una petición ante el Sistema Interamericano*, CEJIL, 2006, San José.

——, *Los debates sobre el rol de la Comisión Interamericana de Derechos Humanos en democracia. Memoria Histórica del Proceso de Reflexión del Sistema Interamericano de Derechos Humanos 2011/2014*, CEJIL, 2014, Buenos Aires.

CERQUEIRA, Daniel, *El derecho a un medio ambiente sano en el marco normativo y jurisprudencia del Sistema Interamericano de Derechos Humanos*, Fundación para el Debido Proceso, 2020.

CERVANTES ALCAYDE, Magdalena, "Avances de la Corte IDH para la garantía de los derechos económicos, sociales y culturales", en *Revista Dfensor*, Núm. 4, Año XV, 2017, pp. 10-19.

CORREA, Cristián, "Artículo 63. Reparaciones y medidas provisionales", en STEINER, Christian & FUCHS, Marie-Christine (eds.), *Convención Americana sobre Derechos Humanos. Comentarios*, 2ª ed., Konrad Adenauer Stiftung, 2019, Bogotá.

Corte IDH & Ministerio Público Fiscal de la Ciudad Autónoma de Buenos Aires, *Diálogos. El impacto del Sistema Inter americano en el ordenamiento interno de los Estados*, 1ª ed., Eudeba, 2013.

DEL TORO HUERTA, Mauricio, "El principio de subsidiariedad en el Derecho Internacional de los Derechos Humanos con especial referencia al Sistema Interamericano", en BECERRA RAMÍREZ, Manuel (coord.), *La Corte Interamericana de Derechos Humanos a veinticinco años de su funcionamiento,* Universidad Nacional Autónoma de México, 2007, México D.F.

DÍAZ, Álvaro Paul, "Análisis sistemático de la evaluación de la prueba que efectúa la Corte Interamericana de Derechos Humanos", en *Revista Chilena de Derecho*, Vol. 42, Núm. 1, 2015, pp. 297-327.

———. "La génesis de la Declaración Americana de los Derechos y Deberes del Hombre y la Relevancia Actual de sus Trabajos Preparatorios", en *Revista de Derecho de la Pontificia Universidad Católica de Valparaíso,* Núm. 47, 2016, pp. 361-395.

ENGSTROM, Par., "Reconceitualizando o Impacto do Sistema Inter americano de Direitos Humanos", en *Direito e Práxis*, Vol. 8, Núm. 2, 2017, pp. 1250-1285.

FAÚNDEZ LEDESMA, Héctor, *El Sistema Interamericano de Protección de los Derechos Humanos. Aspectos institucionales y procesales*, 3ª ed., Instituto Interamericano de Derechos Humanos, 2004, San José.

FERRER MAC-GREGOR, Eduardo & PELAYO MÖLLER, Carlos, "Preámbulo", en STEINER, Christian & FUCHS, Marie-Christine (eds.), *Convención Americana sobre Derechos Humanos. Comentarios*, 2ª ed., Konrad Adenauer Stiftung, 2019, Bogotá.

——, "La obligación de 'respetar' y 'garantizar' los derechos humanos a la luz de la jurisprudencia de la Corte Inter americana", en *Estudios Constitucionales*, Vol. 10, Núm. 2, 2012, pp. 141-192.

GARCÍA CHAVARRÍA, Ana, *La prueba en la función jurisdiccional de la Corte Interamericana de Derechos Humanos*, Comisión Nacional de los Derechos Humanos, 2016, México.

——, *Los procedimientos ante la Comisión Interamericana de Derechos Humanos*, Comisión Nacional de los Derechos Humanos, México, 2015.

GONZÁLEZ MORALES, Felipe, "Surgimiento y desarrollo del sistema interamericano de derechos humanos en un contexto de regímenes autoritarios (1960-1990)", en *Revista IIDH*, Núm. 46, 2007, pp. 123-157.

LAURENS, Lavrysen, "Positive obligations in the jurisprudence of the Inter-American Court of Human Rights", en *Inter-American and European Human Rights Journal*, Vol. 7, Núm. 1, 2014, pp. 94-115.

LENGUA PARRA, Adrián, "La relación subsidiaria y complementaria entre los sistemas nacionales de protección de derechos humanos y el Sistema Interamericano", en *Themis*, Núm. 71, 2017, pp. 153-165.

LÓPEZ PACHECO, Jairo Antonio & HINCAPIÉ JIMÉNEZ, Sandra, "Derechos humanos y activismo legal transnacional. Estrategias de las ONG en México y Colombia", en *Perfiles Latinoamericanos, Facultad Latinoamericana de Ciencias Sociales*, Vol. 25, Núm. 49, 2017, pp. 7-34.

MEDINA QUIROGA, Cecilia, "Las obligaciones de los Estados bajo la Convención Americana sobre Derechos Humanos", en Corte Interamericana de Derechos Humanos, *La Corte Inter americana de Derechos Humanos. Un cuarto de siglo: 1979-2004*, Corte Interamericana de Derechos Humanos, 2005, San José.

——, "Los 40 años de la Convención Americana sobre Derechos Humanos a la luz de cierta jurisprudencia de la Corte Interamericana", en *Anuario de Derechos Humanos*, Núm. 5, 2009, pp. 15-34.

MEDINA QUIROGA, Cecilia & NASH ROJAS, Claudio, *Sistema Interamericano de Derechos Humanos: Introducción a sus Mecanismos de Protección*, Centro de Derechos Humanos, Facultad de Derecho de la Universidad de Chile, 2007, Santiago.

MELISH, Tara, *Protecting Economic, Social and Cultural Rights in the Inter-American Human Rights System. A Manual on Presenting Claims*, Yale Law School, 2002, New Haven.

MONGE, Arturo, "La Corte Interamericana de Derechos Humanos y el impacto de su jurisprudencia en materias de reparaciones" en *Justicia Revista Jurídica*, Vol. 16, Núm. 19, 2011, pp. 132-150.

MONGE NÚÑEZ, Gonzalo & RODRÍGUEZ RESCIA, Víctor, *Acceso a la Justicia de Grupos en Situación de Vulnerabilidad. Manual General de Litigio en el Sistema Interamericano con enfoque diferenciado. Niñez y Adolescencia, Pueblos Indígenas y Afrodescendientes*, Instituto Interamericano de Derechos Humanos, 2014, San José.

NASH ROJAS, Claudio, *Las Reparaciones ante la Corte Interamericana de Derechos Humanos (1988-2007)*, 2ª ed., Centro de Derechos Humanos, Facultad de Derecho de la Universidad de Chile, 2009, Santiago.

NIETO NAVIA, Rafael, *Introducción al Sistema Interamericano de Protección de los Derechos Humanos*, Temis, 1993, Bogotá.

NIKKEN, Pedro, "La Declaración Universal y la Declaración Americana. La formación del moderno derecho internacional de los derechos humanos", en *Revista IIDH,* Núm. especial, 1989, pp. 65-99.

——, *La protección internacional de los derechos humanos: su desarrollo progresivo*, 1ª ed., Civitas, 1987, Madrid.

——, "Los presupuestos de los derechos humanos*"*, en *Revista IIDH*, Núm. 59, 2014, pp. 173-244.

O'DONNELL, Daniel, *Derecho internacional de los derechos humanos. Normativa, jurisprudencia y doctrina de los Sistemas Universal e Interamericano*, 2ª ed., Oficina en México del Alto Comisionado de las Naciones Unidas para los Derechos Humanos, 2012, México D.F.

PADILLA, David, "La Comisión Interamericana de Derechos Humanos", en CERDAS CRUZ, Rodolfo & NIETO LOAIZA, Rafael (comps.), *Estudios Básicos de Derechos Humanos I,* Instituto Interamericano de Derechos Humanos, 1994, San José.

PARRA VERA, Óscar, *Justiciabilidad de los derechos económicos, sociales y culturales ante el Sistema Interamericano*, Comisión Nacional de los Derechos Humanos, 2015, México D.F.

——, "Notas sobre acceso a la justicia y derechos sociales en el Sistema Interamericano de Derechos Humanos", en *Revista IIDH*, Núm. 50, 2009, pp. 131-157.

PELAYO MÖLLER, Carlos María, *Introducción al Sistema Interamericano de Derechos Humanos*, Comisión Nacional de los Derechos Humanos, 2015, México D.F.

PÉREZ, Edward Jesús, *La igualdad y no discriminación en el Derecho Interamericano de los Derechos humanos*, Comisión Nacional de los Derechos Humanos, 2016, Ciudad de México.

PIZARRO SOTOMAYOR, Andrés, *The rule against duplication of procedures in the regional systems of human rights protection*, Center for Civil and Human Rights, University of Notre Dame, 2009.

QUINCHE RAMÍREZ, Manuel, "El control de convencionalidad y el sistema colombiano", en *Revista Iberoamericana de Derecho Procesal Constitucional*, Vol. 13, Núm. 12, 2009, pp. 163-190.

QUINTANA OSUNA, Karla, *¿Superposición de las reparaciones otorgadas por Comisiones de la Verdad y Tribunales Regionales de Derechos Humanos? Una aproximación a la realidad interamericana*, Comisión Nacional de los Derechos Humanos, 2015, México D.F.

QUINTANA OSUNA, Karla & SERRANO GUZMÁN, Silvia, *La Convención Americana sobre Derechos Humanos. Reflexiones generales*, Comisión Nacional de los Derechos Humanos, 2015, México D.F.

QUIPSE REMÓN, Florabel, "La importancia de la Declaración Americana de los Derechos y Deberes del Hombre en el Sistema Interamericano y la interpretación que de ella realiza la Corte Interamericana", en *Revista Electrónica Ibero americana*, Vol. 13, Núm. extraordinario 3, 2019, pp. 144-165.

REINSBERG, Lisa, *Prevención y Reparación de Violaciones a Derechos Humanos en el Marco Internacional. Defensa ante el Sistema Interamericano. Manual para Abogados y Defensores de Derechos Humanos*, 2ª ed., International Justice Resource Center, 2014.

RIVERO, María Daniela, "Género en el Sistema Interamericano de Derechos Humanos", en MARTÍNEZ GARZA, Minerva & ELIZONDO GARCÍA, Fernando (comps.), *La Protección de los Grupos en Situación de Vulnerabilidad en el Sistema Inter americano de Derechos Humanos*, Universidad Autónoma de Nuevo León y Comisión Estatal de Derechos Humanos de Nuevo León, 2015, Monterrey.

ROBLES, Magda Yadira, "El derecho a la salud en la jurisprudencia de la Corte Interamericana de Derechos Humanos (2004-2014)", en *Cuestiones Constitucionales*, Núm. 35, 2016, pp. 199-246.

ROJAS BÁEZ, Julio José, "La jurisprudencia de la Corte Interamericana de Derechos Humanos en materia de reparaciones y los criterios del Proyecto de artículos sobre responsabilidad del Estado por hechos internacionalmente ilícitos", *en American University International Law Review*, Vol. 23, Núm. 1, 2010, pp. 91-126.

SALAZA, Katya & ROHT-ARRAIZA, Naomi, "Democracia y transparencia en el SIDH: una experiencia en marcha", en *Direito e Práxis*, Vol. 8, Núm. 2, 2017, pp. 1652-1681.

SALMÓN, Elizabeth & BLANCO, Cristina, *El derecho al debido proceso en la jurisprudencia de la Corte Interamericana de Derechos Humanos*, Instituto de Democracia y Derechos Humanos, 2012, Lima.

SALVIOLI, Fabián Omar, "El aporte de la Declaración Americana de 1948 para la Protección Internacional de los Derechos Humanos", en *Memoria del Seminario sobre el Sistema Inter americano de Protección de los Derechos Humanos en el umbral del Siglo XXI*, Tomo 1, 2003, San José.

TARRE MOSER, Patricia, "*La jurisprudencia de excepciones preliminares en la Corte Interamericana de Derechos Humanos*", Comisión Nacional de los Derechos Humanos, 2016, Ciudad de México.

TOJO, Liliana, "Artículos 44 a 47. Competencia de la Comisión Interamericana de Derechos Humanos", en STEINER, Christian & FUCHS, Marie-Christine (eds.), *Convención Americana sobre Derechos Humanos. Comentarios*, 2ª ed., Konrad Adenauer Stiftung, 2019, Bogotá.

URQUILLA, Carlos, *La justiciabilidad directa de los derechos económicos, sociales y culturales*, Instituto Interamericano de Derechos Humanos, 2009, San José.

VÁZQUEZ CAMACHO, Santiago J., *La responsabilidad internacional de los Estados derivada de la conducta de particulares o non-state actors conforme al Sistema Interamericano de Promoción y Protección de Derechos Humanos*, Comisión Nacional de los Derechos Humanos, 2013, México D.F.

Vargas Vera, Georgina, "La aplicación del Principio de Subsidiariedad en la jurisprudencia de la Corte Interamericana de Derechos Humanos: avances y retos", en *Iuris Dictio*, Vol. 21, 2018, pp. 99-109.

Ventura Robles, Manuel, "Jurisprudencia de la Corte Inter americana de Derechos Humanos en materia de derechos económicos, sociales y culturales", en *Revista IIDH*, Vol. 40, 2004, pp. 87-131.

Otras fuentes:

Asamblea General de la Organización de Estados Americanos, AG/RES. 2262 (XXXVII-O/07), Protocolo de San Salvador: composición y funcionamiento del Grupo de Trabajo para analizar los informes periódicos de los Estados Parte, 5/06/2007.

——, AG/RES 314 (VII-0/77), 22/06/1977.

——, AG/RES 370 (VIII-0/78), Informe de la Comisión Inter americana de Derechos Humanos sobre la Situación de los Derechos Humanos en Paraguay, 1/07/1978.

——, AG/RES 371 (VIII-0/78), Promoción de los Derechos Humanos, 1/07/1978.

Asamblea General de las Naciones Unidas, A/RES/56/83, Responsabilidad del Estado por hechos internacionalmente ilícitos, 28/01/2002.

Comisión Interamericana de Derechos Humanos, "Composición", http://www.oas.org/es/cidh/mandato/composicion.asp, cónsultado 7/06/2023.

——, "Estadísticas de la Comisión Interamericana de Derechos Humanos", http://www.oas.org/es/cidh/multimedia/estadísticas/estadisticas.html, consultado 7/06/2023.

——, "Funcionarias y funcionarios", http://www.oas.org/es/cidh/mandato/personal.asp, consultado 7/06/2023.

——, "Mapa interactivo de las Medidas Cautelares otorgadas por la Comisión Interamericana de Derechos Humanos desde 2002", https://www.canalcidh.org/mapa-medidas-cautelares, consultado 7/06/2023.

——, "Preguntas frecuentes", https://www.oas.org/es/CIDH/jsForm /?File=/es/cidh/atencion/preguntas-frecuentes.asp, consultado 7/06/2023.

——, "Proceso de Fortalecimiento de la CIDH. Antecedentes, 2015", https://www.oas.org/es/cidh/mandato/fortalecimiento.asp, consultado 7/06/2023.

——, "Relatorías Temáticas", https://www.oas.org/es/CIDH/jsForm / ?File=/es/cidh/r/default.asp, consultado 7/06/2023.

Comisión Interamericana de Derechos Humanos & Asociación Interamericana de Defensorías Públicas, Acuerdo de entendimiento entre la Secretaría General de la Organización de los Estados Americanos, a través de la Secretaría Ejecutiva de la Comisión Interamericana de Derechos Humanos y la Asociación Interamericana de Defensorías Públicas, 2013.

——, "Formulario para presentar una petición ante la CIDH", https://www.oas.org/es/cidh/mandato/documentos-basicos/for-mulario-presentar-peticion-cidh.pdf, consultado 7/06/2023.

Corte Interamericana de Derechos Humanos, "Composición actual de la Corte IDH", http://www.corteidh.or.cr/composicion.cfm, consultado 7/06/2023.

——, ABC de la Corte Interamericana de Derechos Humanos. El qué, cómo, cuándo, dónde y por qué de la Corte Interamericana. Preguntas frecuentes, Corte Interamericana de Derechos Humanos, 2018.

——, "Opiniones Consultivas", https://www.corteidh.or.cr/opinio-nes_consultivas.cfm, consultado 7/06/2023.

Organización de Estados Americanos, "Convención Americana sobre Derechos Humanos. Estado de firmas y ratificaciones", https:// www.oas.org/dil/esp/tratados_B-32_Convencion_Americana_ sobre_Derechos_Humanos_firmas.htm, consultado 7/06/2023.

——, "Tratados Multilaterales Interamericanos", http://www.oas. org/es/sla/ddi/tratados_multilaterales_interamericanos.asp, consultado 7/06/2023.

——, "Consejos", http://www.oas.org/es/acerca/consejos.asp., consultado 7/06/2023.

——, "Otras entidades", 2009, http://www.oas.org/es/acerca/otras_ entidades.asp, consultado 7/06/2023.

——, "Quiénes somos", https://www.oas.org/es/acerca/quienes_so mos.asp, consultado 7/06/2023.

——, "Asamblea General", http://www.oas.org/es/acerca/asamblea _general.asp, consultado 7/06/2023.

FORMULARIO PARA PRESENTAR UNA PETICIÓN ANTE LA CIDH[453]

El presente formulario se basa en la información requerida por el Reglamento de la Comisión Interamericana para procesar las peticiones recibidas y determinar si se han violado los derechos humanos protegidos por tratados internacionales ratificados por el Estado respecto del cual se alegan las mencionadas violaciones. La información requerida se encuentra enumerada en el artículo 28 del Reglamento de la CIDH, en los siguientes términos:

Artículo 28. Requisitos para la consideración de peticiones

Las peticiones dirigidas a la Comisión deberán contener la siguiente información:

1. El nombre de la persona o personas denunciantes o, en el caso de que el peticionario sea una entidad no gubernamental, su representante o representantes legales y el Estado miembro en el que esté legalmente reconocida;

2. Si el peticionario desea que su identidad sea mantenida en reserva frente al Estado, y las razones respectivas;

3. La dirección de correo electrónico para recibir correspondencia de la Comisión y, en su caso, número de teléfono, facsímil y dirección postal;

4. Una relación del hecho o situación denunciada, con especificación del lugar y fecha de las violaciones alegadas;

5. De ser posible, el nombre de la víctima, así como de cualquier autoridad pública que haya tomado conocimiento del hecho o situación denunciada;

---

[453] CIDH, "Formulario para presentar una petición ante la CIDH".

6. La indicación del Estado que el peticionario considera responsable, por acción o por omisión, de la violación de alguno de los derechos humanos consagrados en la Convención Americana sobre Derechos Humanos y otros instrumentos aplicables, aunque no se haga una referencia específica al/os artículo(s) presuntamente violado(s);

7. El cumplimiento con el plazo previsto en el artículo 32 del presente Reglamento;

8. Las gestiones emprendidas para agotar los recursos de la jurisdicción interna o la imposibilidad de hacerlo conforme al artículo 31 del presente Reglamento; y

9. La indicación de si la denuncia ha sido sometida a otro procedimiento de arreglo internacional conforme al artículo 33 del presente Reglamento.

INSTRUCCIONES

Llene el formulario de la manera más completa posible incluyendo toda la información disponible con relación a los hechos denunciados. Por favor conteste a las preguntas de manera detallada, clara y directa.

Si la información solicitada no está a su alcance o no puede enviarla, por favor indíquelo en la casilla correspondiente.

Si necesita más espacio para completar el formulario, puede contestar a las preguntas usando hojas adicionales o redactar su petición en un documento separado, utilizando como guía las preguntas presentadas en el formulario.

La petición puede ser enviada por cualquiera de las siguientes vías:

Formulario electrónico:

www.cidh.org

Si elige enviar su petición por esta vía, tiene la opción de redactar su petición en un documento aparte y subirlo al sitio Internet de la Comisión.

Correo electrónico:

cidhdenuncias@oas.org

Fax:

+1 (202) 370-9000

Correo postal:

Comisión Interamericana de Derechos Humanos 1889 F Street, N.W.

Washington, D.C. 20006 Estados Unidos

En caso de enviar la petición y sus anexos por correo postal, la documentación no debe estar empastada, anillada, encuadernada o plastificada.

Toda petición o comunicación debe:

- estar dirigida a la Comisión Interamericana de Derechos Humanos;

- hacerse en el idioma del Estado, siempre que sea un idioma oficial de la OEA (español, inglés, francés o portugués); sin embargo, si existe algún problema para hacerlo de esta manera, la situación puede ser comunicada a la Comisión para que la considere.

FORMULARIO

SECCIÓN I. DATOS DE LA PRESUNTA VÍCTIMA Y DE LA PARTE PETICIONARIA

1. DATOS DE LA/S PRESUNTA/S VÍCTIMA/S

Por favor indique los datos de la persona o grupo afectado por las violaciones de derechos humanos.

¡Es importante notificar a la Comisión de inmediato y por escrito si la/s presunta/s víctima/s desea/n cambiar la representación o constituirse como peticionario/as en su propia petición!

Si se trata de más de una presunta víctima, por favor colocar los datos personales en la sección de información adicional.

Nombre de la presunta víctima:

....

....

Nombre con el que se identifica (si es distinto al incluido en el campo anterior):

....

....

Género de la presunta víctima: F __ M __ OTRO __

....

Fecha de nacimiento de la presunta víctima: (día/mes/año)

....

Correo electrónico de la presunta víctima:

....

....

Dirección postal de la presunta víctima: (con indicación de calle o avenida, número/nombre de edificio o casa, apartamento, ciudad, estado, o provincia, código postal, país):

....

....

....

....

Teléfono de la presunta víctima (de ser posible indique los códigos de área):

....

....

Fax de la presunta víctima (de ser posible indique los códigos de área):

....

....

¿Alguna de las presuntas víctimas está privada de libertad? No __ Sí __

Información adicional sobre la/s presunta/s víctima/s:

....

....

....

....

....

....

2. DATOS DE FAMILIARES

Por favor indique los datos de las y los familiares cercanos/as de la/s presunta/s víctima/s que habrían sufrido daños como consecuencia de la alegada violación de derechos humanos.

Nombre de familiares y relación de parentesco con la presunta víctima:

....

....

....

....

....

....

....

Correo electrónico de familiares:

....

....

Dirección postal de familiares: (con indicación de calle o avenida, número/nombre de edificio o casa, apartamento, ciudad, estado, o provincia, código postal, país):

....

....

....

....

....

....

....

Teléfono de familiares (de ser posible indique los códigos de área):

....

....

Fax de familiares (de ser posible indique los códigos de área):

....

....

Información adicional sobre familiares:

....

....

....

....

....

....

3. DATOS DE LA PARTE PETICIONARIA

Por favor indique los datos de la persona o grupo que presenta la petición.

¡Es importante notificar a la Comisión de inmediato sobre cualquier cambio de la información de contacto!

Nombre/s de la/s parte/s peticionaria/s (En caso de tratarse de una organización de la sociedad civil, incluir el nombre de su/s representante/s o legal/es que recibirá/n las comunicaciones. En caso de tratarse de más de una parte peticionaria, colocar los datos en el campo de información adicional).

....

....

....

....

....

Sigla de la Organización (si aplica):

....

....

Correo electrónico de la parte peticionaria:

....

....

Dirección postal de la parte peticionaria (con indicación de calle o avenida, número/nombre de edificio o casa, apartamento, ciudad, estado, o provincia, código postal, país):

....

....

....

....

Teléfono de la parte peticionaria (de ser posible indique los códigos de área):

....

....

Fax de la parte peticionaria (de ser posible indique los códigos de área):

....

....

(NOTA: La Comisión requiere de una dirección electrónica para enviar notificaciones relacionadas con su petición. Si no cuenta con dirección electrónica, suministrar dirección postal con indicación de calle o avenida, número/nombre de edificio o casa, apartamento, ciudad, estado, o provincia, código postal, país).

En ciertos casos, la Comisión puede mantener en reserva la identidad de la parte peticionaria, si así se le solicita expresamente y expone las razones respectivas (artículo 8.2). Esto significa que sólo el nombre de la presunta víctima será comunicado al Estado, en caso que la CIDH decida dar trámite a su petición.

Mientras que es posible mantener en reserva el nombre de la parte peticionaria, la tramitación de una petición individual requiere poner en conocimiento la identidad de la presunta víctima (quién, quiénes, qué grupo). En casos excepcionales, la Comisión podrá restringir al público la identidad de la presunta víctima en los documentos que se publican, por ejemplo, mediante la sustitución del nombre completo de la persona por sus iniciales o el uso de seudónimos. La solicitud de que se restrinja la identidad de la presunta víctima debe ser hecha a la Comisión, con una exposición de sus razones.

En casos en que la presunta víctima y la parte peticionaria sean la misma persona y se desea que se restrinja la identidad de la persona en su capacidad como peticionario, la petición deberá expresarse en tercera persona. Un ejemplo de lo anterior sería: "la presunta víctima alega que..." (en lugar de "yo fui víctima de...")

¿Desea que la CIDH mantenga su identidad como parte peticionaria en reserva durante el procedimiento?

No __ Sí __

Informe las razones de la solicitud de reserva de identidad:

....

....

....

Información adicional sobre la parte peticionaria:

....

....

....

....

....

4. ASOCIACIÓN CON UNA PETICIÓN O MEDIDA CAUTELAR

¿Ha presentado antes una petición ante la Comisión sobre estos mismos hechos?
No __ Sí __ (En caso afirmativo, indique el número de la petición):

....

¿Ha presentado una solicitud de medidas cautelares ante la Comisión sobre estos
mismos hechos? No __ Sí __ (En caso afirmativo, indique el número de
referencia):

....

SECCIÓN II. HECHOS DENUNCIADOS

1. ESTADO MIEMBRO DE LA OEA CONTRA EL CUAL SE PRESENTA LA DENUNCIA

....

....

2. RELATO DE LOS HECHOS

Relate los hechos alegados de la manera más completa y detallada posible y en orden cronológico. En particular, especifique el lugar, la fecha y las circunstancias en que ocurrieron las violaciones alegadas. Recuerde que su petición deberá ser presentada en el idioma del país de que se trate. De no ser posible, explique sus razones. (Agregue más páginas si es necesario o adjunte un documento aparte en el que describa los hechos alegados).

....

....

....

....

....

....

....

....

....

....

....

....

....

....

....

....

....

....

....

....

3. AUTORIDADES ALEGADAMENTE RESPONSABLES

Identifique la/s persona/s o autoridades que considera responsables por los hechos denunciados y suministre cualquier información adicional de por qué considera que el Estado es responsable de las violaciones alegadas.

....

....

....

....

....

....

4. DERECHOS HUMANOS QUE SE ALEGAN VIOLADOS

Mencione los derechos que considera violados. De ser posible, especifique los derechos protegidos por la Declaración Americana de los Derechos y Deberes del Hombre, la Convención Americana sobre Derechos Humanos o por los demás tratados interamericanos de derechos humanos. Si desea consultar la lista de derechos o tratados, diríjase al folleto informativo sobre el sistema de peticiones y casos de la CIDH, en particular a las preguntas y respuestas referentes a *Los Derechos Humanos en el Sistema Interamericano*.

....

....

....

....

....

....

SECCIÓN III. RECURSOS JUDICIALES DESTINADOS A RESOLVER LOS HECHOS DENUNCIADOS

Detalle las acciones intentadas por la/s presunta/s víctima/s o la parte peticionaria ante los órganos judiciales. Explique cualquier otro recurso que haya interpuesto ante otras autoridades nacionales, tales como recursos ante autoridades administrativas, en caso de haberlos intentado.

....

....

....

....

....

....

....

....

....

....

....

....

En caso que no haya sido posible agotar los recursos internos escoja de las opciones dadas a continuación la que mejor explique las razones de por qué esto no fue posible:

( ) hay retardo injustificado en emitir una decisión final sobre el caso;

( ) las leyes internas no aseguran el debido proceso legal para la protección de los derechos que se alegan violados;

( ) no se ha permitido el acceso a los recursos internos o se le ha impedido agotarlos; Por favor explique las razones:

....

....

....

....

....

....

....

....

Señale si hubo una investigación judicial y cuándo comenzó. Indique cuando finalizó, y cuál fue su resultado. Si no ha finalizado, indique por qué.

....

....

....

....

....

....

....

....

Si corresponde, indique la fecha de notificación de la última decisión judicial:

__ / __./ _____ (día/mes/año).

SECCIÓN IV. PRUEBAS DISPONIBLES

1. PRUEBAS

Las pruebas disponibles incluirían los documentos que pueden probar las violaciones denunciadas (por ejemplo, principales actuaciones o piezas de expedientes judiciales o administrativos, peritajes, informes forenses, fotografías, filmaciones, entre otros). En la etapa inicial no es necesario enviar toda la documentación disponible; es útil presentar las decisiones y actuaciones principales.

- ❖ De ser posible, <u>adjunte copia simple</u> y digitalizada de estos documentos. No es necesario que las copias estén certificadas, apostilladas, legalizadas, o autenticadas legalmente.

- ❖ Por favor <u>no adjunte</u> originales. La Comisión no devuelve documentos que han sido enviados en el marco de una petición.

- ❖ Si no es posible enviar los documentos, debe explicarse por qué e indicar si puede enviarlos en el futuro. En todo caso, deberán indicarse cuáles son los documentos pertinentes para probar los hechos alegados.

- ❖ Los documentos deben encontrarse en el idioma del Estado, siempre que se trate de un idioma oficial de la OEA (español, inglés, portugués o francés). Si esto no es posible, deben explicarse las razones.

Enumere o indique las pruebas que fundamenten su petición y, de ser posible, identifique cuáles está adjuntando o enviando junto con su petición:

....

....

....

....

....

....

....

....

....

2. TESTIGOS

Identifique, de ser posible, a las y los testigos de las violaciones denunciadas. Si esas personas han declarado ante las autoridades judiciales remita, de ser posible, copia simple de los testimonios ante las autoridades judiciales o indique si puede enviarlos en el futuro. Indique si es necesario que la identidad de los/as testigos sea mantenida en reserva.

....

....

....

....

....

....

....

....

SECCIÓN V. OTRAS DENUNCIAS

Indique si estos hechos han sido presentados ante el Comité de Derechos Humanos de las Naciones Unidas u otro órgano internacional.

No __ Sí __ En caso afirmativo, indique cuál y los resultados obtenidos:

....

....

Información adicional (utilice este espacio para cualquier información adicional que considere relevante):

....

....

....

....

....

....

SECCIÓN VI. MEDIDAS CAUTELARES

En ciertos casos de gravedad y urgencia la Comisión podrá solicitar que un Estado adopte medidas cautelares para prevenir daños irreparables a las personas o al objeto del proceso.

Para conocer los criterios que ha usado la Comisión en la práctica, puede ir a www.oas.org/es/cidh/decisiones/cautelares.asp, donde se publica periódicamente un resumen de las medidas cautelares otorgadas. La información requerida se encuentra enumerada en el artículo 25 del Reglamento de la CIDH, en los siguientes términos:

2. Artículo 25. Medidas Cautelares

1. Con fundamento en los artículos 106 de la Carta de la Organización de los Estados Americanos, 41.b de la Convención Americana sobre Derechos Humanos, 18.b del Estatuto de la Comisión y XIII de la Convención Interamericana sobre Desaparición Forzada de Personas, la Comisión podrá, a iniciativa propia o a solicitud de parte, solicitar que un Estado adopte medidas cautelares. Tales medidas, ya sea que guarden o no conexidad con una petición o caso, se relacionarán con situaciones de gravedad y urgencia que presenten un riesgo de daño irreparable a las personas o al objeto de una petición o caso pendiente ante los órganos del Sistema Interamericano.

2. A efectos de tomar la decisión referida en el párrafo 1, la Comisión considerará que:

   a. la "gravedad de la situación", significa el serio impacto que una acción u omisión puede tener sobre un derecho protegido o sobre el efecto eventual de una decisión pendiente en un caso o petición ante los órganos del Sistema Interamericano;

   b. la "urgencia de la situación" se determina por la información que indica que el riesgo o la amenaza sean inminentes y puedan materializarse, requiriendo de esa manera acción preventiva o tutelar; y

   c. el "daño irreparable" significa la afectación sobre derechos que, por su propia naturaleza, no son susceptibles de reparación, restauración o adecuada indemnización.

3. Las medidas cautelares podrán proteger a personas o grupos de personas, siempre que el beneficiario o los beneficiarios puedan ser determinados o determinables, a través de su ubicación geográfica o su pertenencia o vínculo a un grupo, pueblo, comunidad u organización.

4. Las solicitudes de medidas cautelares dirigidas a la Comisión deberán contener, entre otros elementos:

    a. los datos de las personas propuestas como beneficiarias o información que permita determinarlas;

    b. una descripción detallada y cronológica de los hechos que sustentan la solicitud y cualquier otra información disponible; y

    c. la descripción de las medidas de protección solicitadas.

5. Antes de tomar una decisión sobre la solicitud de medidas cautelares, la Comisión requerirá al Estado involucrado información relevante, salvo cuando la inmediatez del daño potencial no admita demora. En dicha circunstancia, la Comisión revisará la decisión adoptada lo más pronto posible o, a más tardar, en el siguiente período de sesiones, teniendo en cuenta la información aportada por las partes.

6. Al considerar la solicitud, la Comisión tendrá en cuenta su contexto y los siguientes elementos:

    a. si se ha denunciado la situación de riesgo ante las autoridades pertinentes, o los motivos por los cuales no hubiera podido hacerse;

    b. la identificación individual de los propuestos beneficiarios de las medidas cautelares o la determinación del grupo al que pertenecen o están vinculados; y

    c. la expresa conformidad de los potenciales beneficiarios, cuando la solicitud sea presentada por un tercero, salvo en situaciones en las que la ausencia de consentimiento se encuentre justificada.

7. Las decisiones de otorgamiento, ampliación, modificación y levantamiento de medidas cautelares serán emitidas mediante resoluciones fundamentadas que incluirán, entre otros, los siguientes elementos:

    a. la descripción de la situación y de los beneficiarios;

    b. la información aportada por el Estado, de contar con ella;

    c. las consideraciones de la Comisión sobre los requisitos de gravedad, urgencia e irreparabilidad;

    d. de ser aplicable, el plazo de vigencia de las medidas cautelares; y

    e. los votos de los miembros de la Comisión.

8.   El otorgamiento de estas medidas y su adopción por el Estado no constituirán prejuzgamiento sobre violación alguna a los derechos protegidos en la Convención Americana sobre Derechos Humanos u otros instrumentos aplicables.

9.   La Comisión evaluará con periodicidad, de oficio o a solicitud de parte, las medidas cautelares vigentes, con el fin de mantenerlas, modificarlas o levantarlas. En cualquier momento, el Estado podrá presentar una petición debidamente fundada a fin de que la Comisión deje sin efecto las medidas cautelares vigentes. La Comisión solicitará observaciones a los beneficiarios antes de decidir sobre la petición del Estado. La presentación de tal solicitud no suspenderá la vigencia de las medidas cautelares otorgadas.

10.   La Comisión podrá tomar las medidas de seguimiento apropiadas, como requerir a las partes interesadas información relevante sobre cualquier asunto relacionado con el otorgamiento, observancia y vigencia de las medidas cautelares. Dichas medidas pueden incluir, cuando resulte pertinente, cronogramas de implementación, audiencias, reuniones de trabajo y visitas de seguimiento y revisión.

11.   En adición a lo expresado en el inciso 9, la Comisión podrá levantar o revisar una medida cautelar cuando los beneficiarios o sus representantes, en forma injustificada, se abstengan de dar respuesta satisfactoria a la Comisión sobre los requerimientos planteados por el Estado para su implementación.

12.   La Comisión podrá presentar una solicitud de medidas provisionales a la Corte Interamericana de acuerdo con las condiciones establecidas en el artículo 76 del presente Reglamento. Si en el asunto se hubieren otorgado medidas cautelares, éstas mantendrán su vigencia hasta que la Corte notifique a las partes su resolución sobre la solicitud.

13.   Ante una decisión de desestimación de una solicitud de medidas provisionales por parte de la Corte Interamericana, la Comisión no considerará una nueva solicitud de medidas cautelares, salvo que existan nuevos hechos que así lo justifiquen. En todo caso, la Comisión podrá ponderar el uso de otros mecanismos de monitoreo de la situación.

Si desea presentar una solicitud de medida cautelar, debe dirigirse al folleto informativo sobre el sistema de peticiones y casos de la CIDH, en particular a las preguntas y respuestas referentes a *Situaciones de Gravedad y Urgencia* y completar el formulario de solicitud de medida cautelar.

FORMULARIO PARA SOLICITAR MEDIDAS CAUTELARES

SECCIÓN I: DATOS DEL PROPUESTO BENEFICIARIO Y LA PARTE SOLICITANTE

1. DATOS DEL PROPUESTO BENEFICIARIO

Favor indique los datos de la persona o grupo propuesto beneficiario. Nombre del propuesto beneficiario:

....

....

....

Nombre con el que se identifica (si es distinto al incluido en el campo anterior):

....

Género del propuesto beneficiario: F __ M __ OTRO __

Fecha de nacimiento del propuesto beneficiario: (día/mes/año)

....

....

Correo electrónico del propuesto beneficiario:

....

Dirección postal del propuesto beneficiario: (con indicación de calle o avenida, número/nombre de edificio o casa, apartamento, ciudad, estado, o provincia, código postal, país):

....

....

....

Teléfono del propuesto beneficiario (de ser posible indique los códigos de área):

....

Fax del propuesto beneficiario (de ser posible indique los códigos de área):

....

¿Se encuentra privado de libertad el/los propuesto/s beneficiario/s ? No __ Sí __

Información adicional sobre lo/s propuesto/s beneficiario/s:

....

....

....

....

....

....

2. DATOS DE LA PARTE SOLICITANTE

Favor indique los datos de la persona o grupo que presenta la solicitud de medidas cautelares. En caso de tratarse de más de una parte solicitante, colocar los datos en el campo de información adicional.

....

....

....

....

....

Sigla de la Organización (si aplica):

....

Correo electrónico de la parte solicitante:

....

....

222

Dirección postal de la parte solicitante: (con indicación de calle o avenida, número/nombre de edificio o casa, apartamento, ciudad, estado, o provincia, código postal, país):

....

....

....

....

Teléfono de la parte solicitante (de ser posible indique los códigos de área):

....

....

Fax de la parte solicitante (de ser posible indique los códigos de área):

....

....

(NOTA: La Comisión requiere de una dirección electrónica para enviar notificaciones relacionadas con su petición. Si no cuenta con dirección electrónica, suministrar dirección postal con indicación de calle o avenida, número/nombre de edificio o casa, apartamento, ciudad, estado, o provincia, código postal, país).

Información adicional sobre la parte solicitante:

....

....

....

....

....

En caso que la solicitud de medidas cautelares sea presentada a favor de un colectivo, indicar a cuanto ascenderían los propuestos beneficiarios, su ubicación y las características que identifican a los miembros:

....

....

....

....

....

....

En ciertos casos, la Comisión puede mantener en reserva la identidad de la parte solicitante, si así se le solicita expresamente y expone las razones respectivas (artículo 8.2). Esto significa que sólo el nombre del propuesto beneficiario será comunicado al Estado, en caso que la CIDH emita una resolución para otorgar las medidas cautelares.

Mientras que es posible mantener en reserva el nombre de la parte solicitante, la tramitación de una solicitud de medidas cautelares requiere poner en conocimiento la identidad del propuesto beneficiario (quién, quiénes, qué grupo). En casos excepcionales, la Comisión podrá restringir al público la identidad del propuesto beneficiario en los documentos que se publican, por ejemplo, mediante la sustitución del nombre completo de la persona por sus iniciales o el uso de seudónimos. La solicitud de que se restrinja la identidad del propuesto beneficiario debe ser hecha a la Comisión, con una exposición de sus razones.

En casos en que el propuesto beneficiario y el solicitante sean la misma persona y se desea que se restrinja la identidad de la persona en su capacidad como solicitante, la solicitud deberá expresarse en tercera persona. Un ejemplo de lo anterior sería: "el propuesto beneficiario alega que…" (en lugar de "yo fui víctima de…").

¿Desea que la CIDH mantenga su identidad como solicitante en reserva durante el procedimiento? No __ Sí __

Por favor explique las razones:

....

....

....

....

....

....

....

....

....

....

....

3. ASOCIACIÓN CON UNA PETICIÓN

Ha presentado antes una petición ante la Comisión sobre estos mismos hechos?
No __ Sí __ En caso afirmativo, indique el número de la petición: P- __

....

....

SECCIÓN II: RELATO DE LOS HECHOS

1. ESTADO MIEMBRO DE LA OEA CONTRA EL CUAL SE PRESENTA LA SOLICITUD DE MEDIDAS CAUTELARES

....

....

....

2. HECHOS QUE SUSTENTARÍAN LA SOLICITUD DE MEDIDAS CAUTELARES

Recuerde que su solicitud de medidas cautelares deberá ser presentada en el idioma del país concernido. De no ser posible, explique sus razones.

....

....

....

....

....

....

....

....

....

....

a) Proporcionar un detalle, especifico y cronológico, sobre los presuntos hechos ocurridos recientemente que fundamenten la solicitud de medidas cautelares (Se recomienda que el relato de los presuntos hechos no exceda de 5 páginas).

....

....

....

....

....

....

....

b) Explicar las razones por los cuales la situación denunciada sería grave, urgente y requeriría medidas cautelares para prevenir daños irreparables.

....

....

....

....

....

....

....

c) Indicar si se habrían presentado denuncias o solicitudes a las autoridades competentes sobre la alegada situación. En caso de no haberse presentado, explicar las razones.

....

....

....

....

....

....

....

d) En caso que cuente con alguna medida de protección asignada por parte del Estado o si lo ha requerido, por favor indicarlo.

....

....

....

....

....

....

....

e) En caso que su situación se encuentre relacionada con pena de muerte, indicar si existe una fecha programada para la ejecución.

....

....

....

....

....

....

f) En caso que su situación se encuentre relacionada con una presunta desaparición forzada, indicar la fecha en la que presuntamente habría ocurrido.

....

....

....

....

....

....

g) En caso que su situación esté relacionada con una posible deportación y extradición, por favor indicar si existiría una fecha programada al respecto.

....
....
....
....
....
....

3. INDICAR QUÉ DERECHOS CONSIDERA USTED ESTARÍAN EN RIESGO

....
....
....
....

SECCIÓN III: DOCUMENTOS PERTINENTES

Adjuntar documentación que se consideren pertinentes a la situación presentada.

- ❖ De ser posible, <u>adjunte copia simple</u> y digitalizada de estos documentos. No es necesario que las copias estén certificadas, apostilladas, legalizadas, o autenticadas legalmente.

- ❖ Por favor <u>no adjunte</u> originales. La Comisión no devuelve documentos que han sido enviados en el marco de una solicitud de medidas cautelares.

- ❖ Si no es posible enviar los documentos, debe explicarse por qué e indicar si puede enviarlos en el futuro. En todo caso, deberán indicarse cuáles son los documentos pertinentes para probar los hechos alegados.

- ❖ Los documentos deben encontrarse en el idioma del Estado, siempre que se trate de un idioma oficial de la OEA (español, inglés, portugués o francés). Si esto no es posible, deben explicarse las razones.

www.ingramcontent.com/pod-product-compliance
Lightning Source LLC
Chambersburg PA
CBHW031320290526
45784CB00014B/253